La Scala

Andrea Camilleri

Biografia del figlio cambiato

Rizzoli

ISBN 88-17-86612-1

Prima edizione: dicembre 2000

Biografia del figlio cambiato

"Luigi ci scrive assai di raro ed io non trovo pace perché so che la sua vita è seminata di spine, ma vedo che non vi è rimedio, essendo così formata la sua natura. Quanto sarei stata più contenta se fosse stato meno intelligente e avesse potuto vivere la vita dei viventi!"

Da una lettera della madre di Luigi Pirandello alla figlia Lina, datata "Porto Empedocle, 21 gennaio 1889".

PRIMO

Una tinta matinata del settembre 1866, i nobili, i benestanti, i borgisi, i commercianti all'ingrosso e al minuto, i signori tanto di coppola quanto di cappello, le guarnigioni e i loro comandanti, gli impiegati di uffici, sottuffici e ufficiuzzi governativi che dopo l'Unità avevano invaso la Sicilia pejo che le cavallette, vennero arrisbigliati di colpo e malamente da uno spaventoso tirribìlio di vociate, sparatine, rumorate di carri, nitriti di vestie, passi di corsa, invocazioni di aiuto.

Tre o quattromila viddrani, contadini delle campagne vicino a Palermo, armati e comandati per gran parte da ex capisquadra dell'impresa garibaldina, stavano assalendo la città. In un vìdiri e svìdiri, Palermo capitolò, quasi senza resistenza: ai viddrani si era aggiunto il popolino, scatenando una rivolta che sulle prime parse addirittura indomabile.

Non tutti però a Palermo furono pigliati di sorpresa. Tutta la notte erano restati in piedi e viglianti quelli che aspettavano che capitasse quello che doveva capitare: i parrini nelle sagrestie, i monaci e i frati nei conventi, alcuni nobili nostalgici e reazionari nei loro ricchi palazzi di città. Erano stati loro a scatenare quella rivolta che definivano "repubblicana", ma che i siciliani, con l'ironia con la quale spesso salano le loro storie più tragiche, chiamarono la rivolta del "sette e mezzo", ché tanti giorni durò quella sollevazione. E si ricordi che il "sette e mezzo" è macari un gioco di carte ingenuo e bonario accessibile pure ai picciliddri nelle familiari giocatine di Natale.

Il generale Raffaele Cadorna, sparato di corsa nell'Isola a palla allazzata, scrive ai suoi superiori che la rivolta nasce, tra l'altro, "dal quasi inaridimento delle risorse della ricchezza pubblica", dove quel "quasi" è un pannicello caldo, tanticchia di vaselina per far meglio penetrare il sostanziale e sottinteso concetto che se le risorse si sono inaridite non è stato certamente per colpa degli aborigeni, ma per una politica economica dissennata nei riguardi del Mezzogiorno d'Italia.

Invece per il marchese Torrearsa, uomo della destra moderata, le cause sono da ricercarsi "nella profonda demoralizzazione delle masse".

Mazzini, pur dicendosi quella rivolta "repubblicana", da essa aveva già pigliato le distanze: di naso fino per ciò che riguardava l'odore di chiese e monasteri, si era da tempo fatto persuaso che era meglio starsene alla larga da ogni sommovimento avvolto da nuvole d'incenso.

Ma "girala comu vo', sempri è cucuzza", si dice dalle parti nostre. E infatti il Governo risponde con la sola parola che, dall'Unità in poi, sa adoperare per ogni moto meridionale nato a torto o a ragione: repressione.

E quindi, sia pure con un certo ritardo, arrivarono le truppe per sedare la rivolta. Truppe debitamente armate, certo, ma che con loro recavano, senza manco saperlo, un'arma più terribile degli schioppi e dei cannoni, una spaventosa arma invisibile.

Con quei militari, nell'Isola, sbarcò il colera che aveva già i suoi focolai in altre parti d'Italia.

Fino a quel momento il contagio si era riusciti a tenerlo distante attraverso un severo controllo portuale, ma le necessità militari lo resero meno rigido. Fatto sta che il colera avanzò di pari passo con le truppe e, nell'Isola, trovò modo d'estendersi col palmo e la gnutticatùra: dall'ottobre del '66 all'agosto del '67 trovarono la morte circa cinquantacinquemila persone.

Questa coincidenza ispirò goebbelsianamente qualche geniale attivista antiunitario. Venne inventata la filàma, di subito pigliata per vera, che a spargere il contagio fosse stato lo stesso Governo al semplice scopo di ammazzare i siciliani che con le loro rivolte e le loro rivendicazioni rappresentavano una vera camurrìa e macari perché, alzando tanticchia la tassa di successione, con tutte quelle morti si sarebbe ottenuto un aumento dei guadagni fiscali.

Buona parte della popolazione, col malo stare che si portava appresso dopo l'Unità, a questa storia ci credette talmente che Nino Martoglio si sentì in dovere di scrivere una deliziosa commedia in dialetto, *'U Contra* (L'Antidoto), con un indovinato personaggio, don Cosimo Ballaccheri, il quale spiegava invece come il Governo non c'entrasse niente ed enunciava una sua cervellotica teoria in proposito.

I ricchi, i benestanti, i nobili, in poco scomparsero dall'Isola come manco ci arriniscì a fare la rivoluzione di cinquantun anni appresso in Russia: alcuni andarono a finire persino a Londra e a Costantinopoli. Chi non aveva grana per scappare, dovette di necessità restare a travagliare in paesi e città con lo scanto continuo del contagio.

Chi aveva conoscenze, portò mogli e figli in case di campagna di viddrani e di amici. Chi invece una sua casa di campagna per fortuna ce l'aveva, ne fece un rifugio relativamente sicuro.

UN LUOGO

C'è un paese, sulla costa meridionale della Sicilia, che si chiama Porto Empedocle. Prima di diventare comune autonomo era una borgata di Girgenti (Agrigento): la cosiddetta "Borgata Molo" di quasi tremila abitanti che campavano tutti del fiorente e rumoroso traffico portuale di zolfo, sale, grano, cereali provenienti dall'entroterra.

Il "sottoposto Molo" lo chiamavano i girgentani che irridevano all'aspirazione autonomistica del paesino. Il quale, a dirla papale papale, assai si differenziava da Girgenti che aveva sedicimila e passa abitanti, dei quali 237 parrini, 211 frati e 203 monache. La "Borgata Molo" di preti ne aveva solo due, nessun frate, nessuna suora.

A mettere la parola fine all'azzuffatina continua tra "girgentani" e "marinisi" (vale a dire abitanti della marina), fu Ferdinando II in persona il quale, con regio decreto emanato da Ischia il 18 agosto 1852, stabilì che "a contare dal 1° gennaio 1853 la Borgata del Molo di Girgenti sarà separata dall'Amministrazione Comunale di quella città e formerà un Comune distinto con Amministrazione propria e indipendente". Si rese allora necessario compilare una lista di eleggibili che avessero almeno due requisiti indispensabili: sapessero "il leggiùto e lo scrivùto" e fossero iscritti nell'elenco dei contribuenti. Su tremila abitanti, si racimolarono settanta nomi.

E così nacque Porto Empedocle, in onore del filosofo Empedocle, gloria e vanto di Akrágas come allora si chiamava Girgenti.

Nascere in mal punto non è prerogativa soltanto degli uomini. Anche un borgo non nasce come o dove vorrebbe, ma là dove per qualche necessità naturale urga la vita. E se troppi uomini, costretti da questa necessità, convengono in quel punto e troppi ve ne nascono e il punto è troppo angusto, per forza il borgo deve crescere male. Nisia, se ha voluto crescere, s'è dovuto arrampicare, una casa su l'altra, per le marne scoscese dell'altipiano imminente, il quale, poco oltre il borgo, strapiomba minaccioso sul mare. Liberamente avrebbe potuto estendersi su questo altipiano vasto e arioso; ma si sarebbe allora allontanato dalla spiaggia. Forse una casa, posta per forza lassù, un bel giorno, sotto il cappello delle tegole e stretta nello scialle del suo intonaco, si sarebbe veduta scendere come una papera alla spiaggia. Perché lì, sulla spiaggia, urge la vita.

Così Pirandello, in una sua novella, racconta la nascita di Porto Empedocle da lui qui chiamata Nisia. E veramente vi urgeva la vita se il paesino, come si poteva leggere nel *Dizionario topografico della Sicilia* del 1859, aveva un grosso stabilimento per la raffinazione degli zolfi, possedeva un telegrafo, era sede di molti consolati stranieri e appariva molto progredito e in via di continua espansione.

La linea di confine tra i due comuni, lungo la litoranea, venne fissata all'altezza della foce di un fiume da tempo immemorabile essiccato che tagliava in due una contrada, chiamata ora "'u Càvusu" ora "'u Càusu", fitta tanto d'alberi da parere un bosco.

Ora, in dialetto siciliano, tanto càvusu quanto càusu significano la stessa cosa: pantaloni. E veramente un paio di pantaloni doveva parere quel pezzo d'altopiano taliàto da chi vi giungeva per via di mare, spaccato com'era in due proprio da quel greto asciutto, arido, pietroso che ci stava in mezzo.

E dunque, di questo Càvusu, una metà apparteneva al nuovo Comune di Porto Empedocle e l'altra metà al Comune di Girgenti.

Un bel giorno, a qualche impiegato dell'ufficio anagrafe, parse che non era cosa scrivere sul registro delle nascite che qualche figlio di viddrani era nato dentro a un paio di pantaloni e cangiò quel volgare "Càusu" in "Caos".

E da allora quella contrada si chiamò così: Caos.

LA NASCITA

La signora Caterina Ricci Gramitto, maritata a Stefano Pirandello, commerciante di zolfi, vive nella sua grande casa di Porto Empedocle con la figlia primogenita Rosolina (in onore di Rosolino Pilo, il generale garibaldino), ma chiamata Lina.

Quando scoppia l'epidemia di colera, la signora Caterina è incinta un'altra volta e ha fatto preparare la càmmara apposita dove è già nata Lina e dove dovrà nascere la nuova creatura.

Ma lo scanto del contagio è grande. Il marito la porta,

con la picciliddra, in una sua casuzza di campagna che è quasi in pizzo sul ciglio del greto asciutto e dalla quale si vede il mare. Solo che la costruzione è allocata proprio dove comincia il territorio di Girgenti. Don Stefano non è omo di casa: in prìmisi perché veramente tiene tanto chiffàre tra Palermo e le miniere dell'entroterra; in secùndisi perché è un omo vero e non è cosa da omo vero starsene tra le mura domestiche con moglie e figli.

A Caterina va a tenere compagnia, soprattutto la sera e la notte, ma solo quando può, un suo fratello che essendo schetto non ha obblighi di famiglia.

Nelle belle matinate, mentre la cammarera, una viddrana delle vicinanze, pulizia la casa o lava i panni, la signora Caterina si fa a lento gli ottocento metri che separano la casa dallo sbalanco sotto il quale si stende la plaja che pare di rame e l'azzurro del mare.

C'è un gran pino secolare all'ombra del quale è stata disposta una pietra piatta che fa da sedile. Lì la signora passa qualche orata, mentre Lina, che ancora non cammina, le dorme accucciata al petto. Per passare tempo, travaglia col tombolo che si porta appresso. Rientra che la cammarera ha già conzato la tavola e preparato il pranzo e macari cotto quello che serve per la cena. Il dopopranzo dorme tanticchia. Poi, con lo scuro, mentre accende il lume, arriva il fratello. La signora Caterina si sente acconsolata: almeno può scangiare qualche parola. La gravidanza procede tranquillamente.

Non sa che suo marito Stefano, a forza di firriàre di qua e di là, è stato contagiato dal colera. Non lo sa perché il marito non glielo vuole fare sapere e si è fatto giurare il silenzio dai familiari della moglie: egli si scanta della reazione emotiva della fìmmina che oltretutto è macari incinta. Ospite del marito di una delle sue sorelle, don Stefano invia brevi righe a Caterina fingendosi a Palermo completamente pigliato dagli affari.

Non dovette trattarsi di una forma grave, perché non solo don Stefano sopravvisse, ma addirittura dopo tanticchia più di un mese era in condizioni di tenersi addritta.

E così un giorno s'appresentò a sua moglie. Non aveva calcolato però che la malattia l'aveva asciucato nel corpo e stracangiato nella faccia: al solo vederselo comparire davanti donna Caterina a momenti venne pigliata da un sintòmo. Così come improvvisamente era comparso, il giorno dopo don Stefano se ne andò a ripigliare nuovamente i suoi traffici. E cinque giorni appresso, verso le due di notte, la fìmmina venne prematuramente assalita dai dolori del parto.

Quella notte in casa a dormire c'era il fratello il quale, rivestitosi alla meglio e munito di un lume, si gettò campagne campagne alla disperata ricerca di una contadina che potesse fare da mammana. A quell'ora di notte, però, nessuno ebbe il coraggio di aprirgli la porta di casa. Quando ritornò, disperato, verso le tre e mezzo, sua sorella, da sola, aveva dato alla luce un masculiddru, settimino, mentre Lina aveva continuato imperterrita, e per fortuna, a dormire.

Al picciliddro venne dato il nome di Luigi.

Appena è in condizione di capire (e lo fa molto presto) quello che la madre gli conta, Luigino apprende che è venuto al mondo in un posto e in un giorno diversi da quelli previsti. Un doppio scarto.

Il fatto di essere nato al settimo mese di gravidanza in qualche modo, secondo la saggezza contadina, dovrebbe costituire un preciso *signum individuationis*, una marchiatura a fuoco come si fa con i cavalli. "Figliu settiminu / o diavulu o parrinu": non sono concesse alternative, o si appartiene al diavolo o si appartiene alla Chiesa.

Dello scarto di luogo, Luigi Pirandello trarrà in qualche modo ragione di vanto.

Dirà in una lettera a un amico:

Io dunque son figlio del Caos; e non allegoricamente, ma in giusta realtà, perché son nato in una nostra campagna, che trovasi presso ad un intricato bosco, denominato, in forma dialettale, Càvusu *dagli abitanti di Girgenti... corruzione dialettale del genuino e antico vocabolo greco* Xáos...

Da Càvusu a Caos e da Caos a Xáos la nominale nobilitazione del posto diventa necessaria: "I nomi sono conseguenti alle cose, ma pure le cose sono conseguenti ai nomi", noterà Leonardo Sciascia.

Lo scarto spaziale, invece, gli farà nascere qualche perplessità, qualche dubbio e non per la campanilistica ragione d'essere casualmente nato in territorio di Girgenti piuttosto che in quello di Porto Empedocle. Figurarsi! Il problema è ben altro.

Si tratta di pagine notissime che però è bene rileggere.

... una notte di giugno caddi come una lucciola sotto un gran pino solitario in una campagna d'olivi saraceni affacciata agli orli d'un altipiano d'argille azzurre sul mare africano. Si sa le lucciole come sono. La notte, il suo nero, pare lo faccia per esse che, volando non si sa dove, ora qua ora là vi aprono un momento quel loro languido sprazzo verde. Qualcuna ogni tanto cade e si vede allora sì e no quel suo

verde sospiro di luce in terra che pare perdutamente lontano. Così io vi caddi quella notte di giugno...

E quindi:

Io penso però che sarà cosa certa per gli altri che dovevo nascere là e non altrove e che non potevo nascer dopo né prima; ma confesso che di tutte queste cose non mi sono fatta ancora né certo saprò farmi mai un'idea.

Sinceramente, non pensiamo che le cose stiano così come Pirandello ce le dice: un'idea sul perché il suo *involontario soggiorno sulla terra* fosse stato segnato da due sfagli certamente se l'era fatta.

E se non un'idea chiara, almeno la constatazione di un disagio.

Strappato dal sonno, forse per sbaglio, e buttato fuori dal treno in una stazione di passaggio. Di notte; senza nulla con me. Non riesco a riavermi dallo sbalordimento... Mi trovo a terra, solo, nella tenebra d'una stazione deserta; e non so a chi rivolgermi per sapere che m'è accaduto, dove sono.

E poi, perché nascere uomo, viaggiatore in transito infreddolito e sperso?

Si nasce alla vita in tanti modi, in tante forme: albero o sasso, acqua o farfalla... o donna, e per una volta sola, e in quella data forma, unica, perché mai due forme non erano uguali, e così per poco tempo, per un giorno solo talvolta, e in un piccolissimo spazio, avendo tutt'intorno, ignoto, l'enorme mondo, la vacuità enorme e impenetrabile dell'esistenza. Formichetta, si nasce, e moscerino, e filo d'erba.

Già. E perché no quadrupede?

So io che sforzi faccio certi momenti a tenermi ritto su due zampe soltanto. Credi, amico mio: a lasciar fare alla natura, noi saremmo, per inclinazione, tutti quadrupedi. La meglio cosa! Più comodi, ben posati, sempre in equilibrio... Quante volte mi butterei a camminare a terra, così con le mani puntate, gattone! Questa maledetta civiltà ci rovina! Quadrupede, io sarei una bella bestia selvaggia; quadrupede, ti sparerei un pajo di calci nel ventre per le bestialità che hai detto; quadrupede, non avrei moglie, né debiti né pensieri.

Intanto però era nato uomo, un picciliddro, un carusu che di nome faceva Luigino.

IL LATTE

Nel tempo che Luigino pigliava il latte dalla madre, nella campagna girgentana dettava legge un ex carzarato liberato nei giorni dello sbarco garibaldino. Luigi Pirandello, nel suo atto unico *L'altro figlio* lo cita per nome e cognome e così ne narra le gesta per bocca di un personaggio, la vecchia Maragrazia.

Furono aperte, signorino mio, tutte le carceri di tutti i paesi. E si figuri che ira di Dio si scatenò da per tutto! I peggiori ladri, i peggiori assassini; bestie selvagge, sanguinarie, arrabbiate da tanti anni di catena! Tra gli altri, uno: un certo Cola Camizzi. Il più feroce di tutti. Capo brigante. Ammazzava le povere creature di Dio, così, per piacere, come fossero mosche; per provare la polvere – diceva – per vedere se la carabina era parata bene. Costui si buttò in campagna, dalle nostre parti... S'era già formata una banda di contadini; ma non era contento; ne voleva altri; e uccideva tutti quelli che non volevano seguirlo.

Passata la mattana garibaldina, Cola Camizzi abbandona i clamorosi gesti di sangue e si trasforma in un temuto capomafia locale. Continua ancora ad ammazzare, ma lo fa a taci maci, alla scordatina, senza rumorata, quando qualcuno si ribella ai suoi voleri o si rifiuta di pagare il pizzo.

Don Stefano, appena nato Luigino, ha preso in affitto una zolfatara che comincia a rendergli bene. Un giorno, mentre sta tornando a Porto Empedocle, viene fermato proprio da Cola Camizzi. La strada di natura sua è solitaria, in quel momento, oltre ai due òmini, non passa manco un cane.

«Caro Pirandello, per aver fortuna colle zolfare ci vuole...» attaccò alla brutta Cola e fece seguire alle parole un gesto eloquente toccandosi il sedere.

Scrive Nardelli, che l'episodio ha minutamente raccontato, che don Stefano "a una cotal sgraziata presa di contatto, reagì senza preamboli".

Non crediamo che a indignare e far reagire don Stefano, abituato a ben altro, sia stata la mancanza di grazia dell'ex brigante ora mafioso. Erano due siciliani faccia a faccia che sapevano capire il sottodiscorso di ogni frase. E a Pirandello il sottodiscorso era parso chiarissimo: una richiesta di pizzo.

E mollò a Cola uno schiaffone che lo fece firriàre su se stesso.

Cola rimase imparpagliato, intordonuto, soprattutto sorpreso: mai anima creata aveva avuto il coraggio di isare sopra di lui la mano. E quasi a volersene convincere, spiò minaccioso:

«A Cola Camizzi una timpulata?!».

«Una? Cento!» fece per risposta don Stefano.

E l'assubissò di timpulati e di pagnittuna a dritta e a

mancina che fecero cadere l'altro per terra con la faccia che pareva un muffoletto di pane appena sfornato.

Qualche ora appresso don Stefano mentre si trovava nel suo deposito di zolfo sulla spiaggia a discutere con un cliente di cognome Veronica il prezzo di un abbasso (vale a dire il costo del deposito in magazzino di una certa quantità di zolfo) sentì dei colpi di schioppo provenire da poco lontano. Mandò uno dei garzoni a vedere di cosa si trattava. Poco dopo quello tornò e riferì che nelle vicinanze c'era Cola Camizzi che provava la sua arma.

Il controllo costante dello schioppo doveva essere una fissazione del mafioso, se Maragrazia nella battuta già citata contava che il brigante usava sparare a uno solamente per vedere se l'arma gli funzionava bene. Ma Stefano Pirandello capì benissimo, macari questa volta, il significato di quella prova. E senza farsi vedere dal cliente si levò il revolver che portava sempre con lui dalla cintura e se lo mise nella tasca destra della giacca.

Fu inutile. Perché Camizzi, al riparo darrè i mucchi di zolfo, era arrivato pericolosamente vicino.

«Largo! Largo!» intimò il brigante, evidentemente perché voleva che il cliente si allontanasse.

Questi si scansò. Si svolse tutto in un fiat, don Stefano ebbe appena il tempo di pararsi il cuore con un braccio e cadde in ginocchio, pigliato in pieno da due pallottole. Allora Cola gettò il fucile lontano da sé e si avvicinò lentamente a don Stefano per finirlo con un colpo di revolver.

Ma ha fatto un errore. Perché il garzone che prima era stato mandato a vedere chi era a sparare, si impadronisce dell'arma scarica e, tenendola per la canna, assesta da dietro una gran botta sulla testa del mafioso che barcolla e scappa. Don Stefano si rialza e lo insegue, scaricandogli appresso tutto il tamburo del revolver. Poi non ce la fa più a reggersi addritta e perde i sensi.

Portato a casa sanguinante, il medico gli riscontra due ferite serie. Una palla ha colpito l'osso e reciso i tendini della mano con la quale si era riparato il cuore; l'altra gli ha forato il petto spezzandogli una costola.

Tra le due ferite, la più grave pare essere quella alla mano e al braccio, tanto che si parla di amputazione. Non sarà necessaria, don Stefano da quello scontro a fuoco se la caverà con l'impossibilità di usare un dito della mano.

Ma alla scena del ritorno a casa del marito, portato a braccia dagli amici, che lasciava dietro di sé una larga striscia di sangue, la signora Caterina si sente aggelare.

E le si guasta il latte.

E così Luigino deve essere messo a balia.

Per completezza della storia. Cola Camizzi, arrestato su denunzia di Pirandello, fu condannato a sette anni per tentato omicidio. Ma quando, scontata la pena, volle tornare a Girgenti, ci furono "amici" che gli fecero sapere che era meglio per lui se cangiava aria: don Stefano gliela aveva giurata, appena lo vedeva lo sparava. E si sapeva che era omo di parola. Cola si allontanò dal territorio girgentano riparando nelle lontane zolfare di un certo Di Giovanni e lì, come scrive Nardelli, "nell'oscurità vi si spense".

Cosa capisce Luigino delle parole della madre quando questa gli racconta la storia della sua nascita e del suo primo approccio con la vita?

Capisce che è nato settimino, prima del tempo dovuto, perché il padre ha fatto scantare la mamma.

Capisce che non ha potuto essere allattato dalla propria madre perché il padre ha fatto nuovamente scantare la mamma.

Sicuramente, nel meccanismo elementare della testa del picciliddro, si sarà formato un principio di causa-effetto: ogni volta che il padre fa pigliare uno spavento alla madre, capita una disgrazia macari a lui.

Sì, perché la perdita del latte materno è sicuramente una menomazione: "'Unn addreva lu patri / ma la minna di la matri" recita il proverbio. Ad allevare un figlio non è il padre, ma solo il seno della madre.

E questo avergli impedito di crescere con quel latte, forse si domanda, non è un tentativo del padre di negargli un'identità familiare, un'appartenenza?

E pure lui del padre principia a scantarsi.

Scrive che, picciliddro, gli veniva difficile persino comunicare con la madre, per quanto avesse una commovente fiducia nelle parole, *e con mio padre m'appariva impossibile non già mentre mi ci preparavo, ma all'atto della prova, che il più delle volte finiva miserevolmente.*

IL PADRE, LA MADRE

"Forte è nei siciliani il sentimento della famiglia. Il padre tiene il governo assoluto e indiscusso di essa; la madre governa la casa, ne prende il maggiore interesse e comanda sui figli, quasi per facoltà del marito, cui essa ubbidisce ed ama anche quando egli non lo meriti. Per lui ella inculca affetto e venerazione nei figli, non solo perché padre, ma anche perché è colonna della casa: 'Casa senza birritta / nun po' stari addritta'." Così Giuseppe Pitrè.

La casa nella quale non c'è l'uomo a comandare (e qui l'uomo è simboleggiato dalla birritta, la coppola) è condannata a crollare.

Ancora nel 1945, in un suo lucido scritto sulla Sicilia, Sebastiano Aglianò scriveva che "l'affiatamento familiare nasce per istinto, ma è scarsamente sorretto dalla confidenza reciproca, dall'*amicizia* tra i congiunti che possa valorizzare il legame di sangue".

La birritta del padre di Luigino è sempre presente in casa, macari, e forse soprattutto, quando materialmente non c'è. Don Stefano, lo si è detto, in casa ci sta picca e nenti, sempre in giro per la Sicilia per i suoi commerci, quando torna in paese i momenti di riposo preferisce passarli fora, con gli amici. Così è l'usanza.

La società dell'uomo è quella maschile, e femminile quella della donna. E difatti nota Aglianò che "gli amici del marito diventino anche amici, sinceri e cordiali, della moglie, è assai raro".

Don Stefano non da sangue che è stato sempre isolano, in un certo senso è un siciliano a metà, ma quella metà basta e superchia per farlo equivalere a un siciliano e mezzo.

I Pirandello erano liguri trasferitisi in Sicilia nel Settecento e, attraverso attività commerciali abili e accorte, si erano rapidamente arricchiti.

Il padre di Stefano, Andrea, era morto a quarantasei anni durante una passata di colera (alle grandi epidemie si alternavano, di tanto in tanto, contagi su scala minore che duravano poco, una passata appunto, e si dice macari così del terremoto). Aveva avuto il tempo di far concepire alla mogliere siciliana ben ventiquattro figli destinati certamente ad aumentare se la morte non avesse interrotto la catena di montaggio.

Stefano era il diciottesimo figlio.

Andrea, quando venne colpito dal contagio, fu ospitato in casa del primogenito che di nome faceva Felice. Questi si rese conto, assai presto, che il padre non ce l'avrebbe fatta a sopravvivere. E via via che al padre venivano meno le forze, a lui sempre più gli maceriava la testa il problema dell'eredità. Erano ricchi, certo, ma un'eredità divisa tra venticinque carature (madre compresa) veniva a significare la povertà per tutti.

E così ebbe una bella alzata d'ingegno.

Morto il padre, la notizia non la diede a nessuno. Si mise invece a correre da un avvocato all'altro, da uno studio notarile all'altro per vedere di tirarsi il meglio che poteva. Conclusione: quattro giorni appresso la morte (il cadavere era stato sempre ammucciato in casa), la moglie e gli altri ventitré figli appresero in una sola volta due cose: la prima era che il rispettivo marito e padre era passato a miglior vita e la seconda era che non aveva lasciato loro manco un soldo fàvuso, tutto era andato a Felice.

Stefano dovette quindi farsi da sé, alternando momenti di grande fortuna ad altri di ristrettezze economiche. Temperamento forte, avventuroso, dotato di grandissimo coraggio fisico, spesso duro e sprezzante, in vita sua ebbe sette scontri a fuoco e una mezza dozzina di duelli.

Appena Garibaldi arrivò in Sicilia, corse ad arruolarsi tra i volontari garibaldini. Si fece tutte le battaglie, dal ponte dell'Ammiraglio in poi, meritandosi, venticinquenne, fama d'eroe. A Palermo, in via Papireto, si trovò completamente solo e allo scoperto sotto la fucileria borbonica. Non si mosse, non si mise al riparo: continuò a sparare imperterrito. Garibaldi si accorse di quel giovane coraggioso, impegnato in una sfida pazzesca. E corse lui stesso a dargli man forte, mettendolo fuori pericolo.

Dopo questo episodio, Stefano si arruolò stabilmente e seguì il Generale fino al Volturno. Due anni appresso era nuovamente al suo fianco ad Aspromonte. Ma non volle farsi pigliare prigioniero e preferì tornarsene in Sicilia.

Il suo compagno d'armi e amico (un'amicizia nata nel corso delle imprese garibaldine) Rocco Ricci Gramitto, girgentano, preferì invece, ad Aspromonte, consegnarsi alle truppe regie. Lo portarono a San Benigno, dove scontò sei mesi di carcere. Rocco era il futuro cognato di Stefano.

I Ricci Gramitto costituivano certamente la famiglia più antiborbonica del girgentano.

Giovanni Ricci Gramitto era stato un valente avvocato, uno degli organizzatori dei moti del '48 palermitano, separatista, ministro del Governo di Ruggiero Settimo.

Quando il re di Napoli ripigliò il potere, Giovanni Ricci Gramitto fu escluso dall'amnistia e iscritto nelle liste di proscrizione con l'approvazione personale del sovrano. Dovette scapparsene a Malta, spogliato di tutto. Aveva quattro figli màscoli, Francesco, Rocco, Vincenzo, Innocenzo, e tre figlie femmine, Rosalia, Caterina e Adriana.

Caterina, futura madre di Luigi Pirandello, aveva allora tredici anni. Poco dopo, la moglie e i figli di Giovanni lo raggiunsero in esilio, partendo con una tartana da Porto Empedocle. E Pirandello di quel viaggio, e dei giorni dell'esilio, scriverà sull'eco del racconto materno nel 1915. Vivono con la carità che fa loro uno zio, il fratello canonico di Giovanni, di idee diametralmente opposte, che canterà il *Te Deum* in cattedrale per il ritorno di Ferdinando II di Borbone lo stesso giorno nel quale Giovanni parte per Malta.

A Bùrmula, Malta, Giovanni muore a quarantasei anni, consunto per la disperazione, e la lontananza dalla sua terra. Prima di spirare, raduna allato al suo letto moglie, figli, figlie e fa loro giurare che impiegheranno tutte le energie, la vita stessa, alla liberazione dai Borboni. La famiglia rientra in Sicilia, lo zio canonico li accoglie, subisce per questi parenti che ama umiliazioni, perquisizioni, senza lamentarsi mai. Oltretutto i familiari di Giovanni si erano subito messi a cospirare, Caterina cuciva bandierine italiane nascosta in un sottoscala. Quelle stesse bandierine che suo fratello Vincenzo, messo dallo zio in seminario e da lì scappato, aveva in tasca quando assalì le guardie borboniche a Girgenti. Francesco e Rocco, sempre a spese dello zio, diventarono avvocati. Innocenzo pigliò la carriera militare nei bersaglieri. Rocco e Vincenzo si intrupparono nelle bande di Rosolino Pilo e poi seguirono Garibaldi. Ad Aspromonte Rocco, che era luogotenente di Garibaldi, raccolse lo stivale insanguinato del suo Generale e se lo portò a Girgenti.

Ne fece dono in seguito a Luigi Pirandello che a sua volta lo consegnò al Municipio di Roma. Come abbiamo già detto, al contrario del suo amico Stefano Pirandello, Rocco Ricci Gramitto si arrese ai bersaglieri. Tra i quali c'era, e può parere cosa inventata di ràdica, suo fratello Innocenzo il quale, da militare ligio agli ordini, aveva sparato contro suo fratello e contro il suo futuro cognato. Donna Anna, saputo l'episodio, per lungo tempo non volle più vedere il figlio Innocenzo.

Rocco, finalmente liberato agli inizi d'ottobre del 1862, tornò a Girgenti e venne accolto trionfalmente. In quell'occasione Rocco e Stefano si ritrovarono dopo Aspromonte e fu così che Stefano Pirandello e Caterina Ricci Gramitto si videro per la prima volta.

Scrive il nipote Stefano nel 1936:

"Lui bello e lei no, tranne gli occhi. E poi, ormai a ventott'anni si considerava già una vecchia zitella; la gioventù l'aveva data alla Patria. Quando Stefano, seduta stante, chiese la sua mano, credeva che scherzasse. Fu un matrimonio patriottico".

Se talvolta, buon Dio, per il guasto o la rottura di qualche oggetto anche di poco valore, ma di cui difficilmente si sarebbe potuto trovare il compagno in paese, tutta la casa piombava nel lutto, nella costernazione più grave... Ma bisognava vedere che cosa importasse per lui, per il marito, quel guasto o quella rottura. Una mancanza di riguardo, non all'oggetto che valeva poco o nulla, ma a lui, a lui che l'aveva comperato. Avaro? Nemmen per sogno! Era capace, per quel ninnolo di pochi bajocchi, di mandare in frantumi mezza casa.

... un nonnulla bastava di tanto in tanto a farlo scatta-

re selvaggiamente. Forse, subito dopo, se ne pentiva; non voleva, però, o non sapeva confessarlo: gli sarebbe parso d'avvilirsi o di darla vinta: desiderava che gli altri lo indovinassero; ma poiché nessuno, nello sbigottimento, ardiva nemmeno di fiatare, egli si chiudeva, s'ostinava in una collera nera e muta per intere settimane.

Questo è il ritratto di Francesco Ajala, un personaggio del romanzo *L'esclusa* di Pirandello. Solo che il personaggio non è di fantasia, è il ritratto del padre e quelle terribili scene di raggia non sono che la rappresentazione realistica di quanto avveniva a casa sua, con quel padre imponente e collerico. Che vuole bene ai suoi figli, certo, ma non sa come rendere evidente questo suo affetto.

Luigino è gracile, dissugato, che cresce solo negli occhi, ha un ansioso bisogno di calore affettuoso. Che quel padre grande, massiccio, ululante non può dargli. E quasi sempre la sua fede bambina *di poter comunicare quanto che sia tutto a tutti* di fronte alla granitica realtà del padre vacilla, si perde.

Giovinetto, confiderà agli amici che per lui suo padre era *un uomo incomprensibile*, uno con il quale *non si ragionava*.

Tra loro, perciò, non correva né la manifestazione di un sentimento né la possibilità di un rapporto ragionato.

Da quando Luigi è picciliddro comincia dunque a sorgere tra i due quello che Gaspare Giudice chiama "muro di vetro", un muro che "non si dissolse mai, anzi crebbe di spessore e di altezza e col passare degli anni divenne alla fine insormontabile".

LA MEMORIA DEL BUIO

Un certo giorno Luigino, attorno ai sei anni, parlando con la madre, le comincia a descrivere una casa di Porto Empedocle, ricorda la sala da pranzo interamente divisa da un tramezzo con due oblò, al di là del tramezzo la càmmara ricavata per le due cammarere, rammenta che una mattina, a una certa ora, mentre stava in braccio alla cammarera Filippa, venne lo scuro, il buio, tanto che dovettero accendere un lume.

Era vero, c'era stata un'eclisse di sole ai primi del febbraio 1868.

Ma come faceva a ricordarsene Luigino se, all'epoca, aveva appena otto mesi?

Di una incongruità, di una illogicità, la sua memoria di appena nato era stata indelebilmente segnata: perché era capitato che di giorno fosse notte al punto da dover addrumare un lume?

PORTO EMPEDOCLE, GIRGENTI

Due sono i paesi della sua prima infanzia: Porto Empedocle e Girgenti. Di Porto Empedocle, chiamandola con nomi diversi, farà il luogo di alcune novelle.

Ma prima, com'è fatto questo paese? Lo descriverà in versi:

Quando su queste desolate ardenti
sabbie sorgean poche e modeste case,
e in mezzo al viavai
di tanti carri, dalla torre antica

usciano alla fatica
i galeotti rasi, trascinando
con stridor lungo la catena a schiera;
e un banditore all'alba, ogni mattina,
fiero nel volto, cotto
dal sole, alzava a le mascelle vaste
la man villosa e con stentorea voce
tre volte, urlava il bando:
«O uomini di mare
venite a lavorare alla marina!».

E lo descriverà in prosa:

Una ventina di casupole prima, là sulla spiaggia, battute dal vento tra la spuma e la rena, con un breve ponitojo da legni sottili, detto ora Molo Vecchio, e un castello a mare, quadrato e fosco, dove si tenevano ai lavori forzati i galeotti, quelli che poi, cresciuto il traffico dello zolfo, avevano gettato le due ampie scogliere del nuovo porto, lasciando in mezzo quel piccolo Molo, al quale in grazia della banchina è stato serbato l'onore di tener la sede della capitaneria del porto e la bianca torre del faro principale. Non potendo allargarsi per l'imminenza d'un altipiano marnoso alle sue spalle, il paese s'è allungato sulla stretta spiaggia, e fino all'orlo di quell'altipiano le case si sono addossate, fitte, oppresse, quasi l'una sull'altra. I depositi di zolfo s'accatastano lungo la spiaggia; e da mane a sera è uno stridor continuo di carri che vengono carichi di zolfo dalla stazione ferroviaria o anche, direttamente, dalle zolfare vicine; e un rimescolìo senza fine d'uomini scalzi e di bestie, ciattìo di piedi nudi sul bagnato, sbaccaneggiar di liti, bestemmie e richiami, tra lo strepito e i fischi d'un treno che attraversa la spiaggia, diretto ora all'una ora all'altra delle due scogliere sempre in riparazione. Oltre il braccio di levante fanno siepe alla spiaggia le spigonare con la vela ammainata a metà su l'albero; a piè delle cataste s'impiantano le stadere su le quali lo zolfo è pesato e quindi caricato su le spalle dei facchini, detti uomini di mare, *i quali, scalzi, in calzoni di tela, con un sacco su le spalle rimboccato sulla fronte e attorto dietro la nuca, immergendosi nell'acqua fino all'anca, recano il carico alle spigonare, che poi, sciolta la vela, vanno a scaricar lo zolfo nei vapori mercantili ancorati nel porto, o fuori.*

«Lavoro da schiavi... che stringe il cuore, certi giorni d'inverno schiacciati sotto il carico, con l'acqua fino alle reni. Uomini? Bestie!»

A Porto Empedocle Pirandello ambienta una decina, o poco meno, di novelle, chiamando di volta in volta il paese "la Marina", " Nisia", "Vignetta", "Porto Empedocle" o non chiamandolo affatto, rendendolo però riconoscibile dalla topografia ritornante, consistente in una sorta di triangolazione costituita dal mare, dal cimitero sopra la collina di marna e dalla collina stessa.

Quello che colpisce a prima vista in queste novelle è il costante assemblaggio di suoni, voci, colori.

Dalla novella *La morta e la viva*:

La gente... vi stava in piedi, gridando e accennando scompostamente con le braccia.

E ancora:

la ciurma dalla tartana... cominciò a gridare.

E ancora:

il grido di uno dei caìchi e le risa sguajate.

E ancora:

s'avviò di furia, gridando e tutto il popolo si mosse dietro, avanti, intorno schiamazzando.

Oppure, dalla novella *Il "no" di Anna*:

E già comincia lo strider dei carri carichi di zolfo.

Oppure:

Ogni mattina, all'alba, i tre appelli d'un banditore la destano.

Oppure:

dopo tanto frastuono.

Urliate, vociate, biastemie, santioni, 'ngiurie, botte di risate. Ma non solamente questo. Ci sono magari gli odori ossessivi:

dallo *Spirito maligno*:

E s'aggirò... aspirando con voluttà l'odor del catrame e della pece. Stordito dai gridi dei barcajoli e dei facchini del porto... tra il muffido pacciame delle alghe secche.

Dalla novella *La maestrina Boccarmè*:

S'era abituata al cattivo odore che esalava dal grassume di quell'acqua chiusa.

E ancora:

Già tutti gli altri se n'erano andati, lasciandola sola a sentire più forte il cattivo odore dell'acqua nera sulla spiaggia.

E poi il mare, suono e colore. Da *Al valor civile*:

Il mare era inquieto, torbido, e gonfiava di punto in punto sotto l'incombente minaccia del cielo gravido d'enormi nuvole nere. I marosi, intumidendo, cominciavano a cozzare gli uni negli altri e non riuscivano ancora a frangersi.

Solo una breve spuma rabbiosa ferveva un tratto, a strisce, su per le creste irte, qua e là... Poco dopo, infatti, il cie-

lo s'incavernò, e fu per qualche momento una tetraggine attonita, spaventevole. Di tratto in tratto una raffica strisciava rapidissima sulla spiaggia e sollevava un turbine di rena. Il primo tuono finalmente scoppiò, formidabile, e fu come il segnale della tempesta.

Tra le novelle empedocline ce ne sono due che sono essenziali per intendere l'uomo Pirandello. La prima si intitola *Lontano*, certamente tra le più dense e compiute dell'intera produzione novellistica. Non solo è una sorta di *summa* di tutte le percezioni suscitate in lui dal paese della primissima infanzia (vi tornerà da adulto, nel disgraziato tentativo di lavorare a fianco del padre), ma soprattutto è l'esposizione, in termini narrativi, di quello che Pirandello chiamava il suo *involontario soggiorno sulla terra*. Basterà accennare solo al fatto che il protagonista, lo svedese Lars Cleen, è costretto, da una serie di eventi non voluti e non cercati, a vivere una vita estraniata e sospesa in un luogo che non è il suo.

L'altra novella è *Il figlio cambiato*, sulla quale torneremo a lungo. In questa novella non è esplicitamente dichiarato che la vicenda si svolge a Porto Empedocle, lo si può desumere però da molteplici accenni e soprattutto dal modo assolutamente locale col quale sono chiamate le streghe che nottetempo cambiano i bambini in fasce o di poco più grandi: "i donni", che Pirandello traduce in italiano *le donne.*

Ho personale memoria de "i donni": ricordo che, decenne, i compagni, in gran mistero, mi portarono a vedere un bambino che non avrà avuto quattro anni al quale "i donni" avevano *incatricchiato* (come dice Pirandello) il codino.

Di Girgenti, di questa *morente cittaduzza*, Pirandello scriverà invece a lungo, ambientandovi tra l'altro il romanzo *Il turno*, alcuni capitoli dei *Vecchi e i giovani* e tante novelle, spesso chiamandola con nomi diversi, tra i quali "Montelusa".

Sul suo rapporto con Girgenti, Leonardo Sciascia ha scritto:

"Pirandello vi nacque... Vi passò l'infanzia e l'adolescenza; da giovane, e fino ai primi anni del matrimonio, vi tornava ad ogni estate; poi più raramente. E ad ogni ritorno la sua fantasia s'inzuppava dei fatti grotteschi e pietosi che vi accadevano e che familiari ed amici gli raccontavano: e andavano a infoltire, ad affollare, quelli che nella sua memoria prepotentemente vivevano. Fino alla seconda guerra mondiale, Girgenti era quella della sua infanzia, con personaggi che l'amore di sé, parossistico, ipertrofico, spingeva ai confini della follia: lucidi notomizzatori dei propri sentimenti e dei propri guai, presi fino al delirio dalla passione del 'ragionare', ancor più che da quella per la donna e per la roba, intenti a difendere ossessivamente il loro apparire dal loro essere, di fronte agli altri e a volte di fronte a se stessi".

No, non si può proprio dire che Pirandello amò la *triste cittaduzza moribonda*. Dai *Vecchi e i giovani*:

I pubblici ufficii, prefettura, intendenza delle finanze, scuole governative, tribunali, davano ancora un po' di movimento, ma quasi meccanico, alla città: altrove ormai urgeva la vita. L'industria, il commercio, la vera attività insomma, s'era da un pezzo trasferita a Porto Empedocle giallo di zolfo, bianco di marna, polverulento e romoroso, in poco tempo divenuto uno de' più affollati e affaccendati emporii dell'isola...

A Girgenti, solo i tribunali e i circoli d'Assise davano da fare veramente, aperti come erano tutto l'anno. Su al Culmo delle Forche il carcere di San Vito rigurgitava sempre di detenuti, che talvolta dovevano aspettare tre o quattro anni per essere giudicati...

In piazza Sant'Anna, ov'erano i tribunali, nel centro della città, s'affollavano i clienti di tutta la provincia, gente tozza e rude, cotta dal sole...

I molti sfaccendati della città andavano intanto su e giù, sempre d'un passo, cascanti di noja, con l'automatismo dei dementi, su e giù per la strada maestra, l'unica piana del paese, dal bel nome greco, Via Atenéa, ma angusta come le altre e tortuosa. Via Atenéa, Rupe Atenéa, Empedocle... – nomi: luce di nomi, che rendeva più triste la miseria e la bruttezza delle cose e dei luoghi.

Accidia taciturna, diffidenza ombrosa e gelosia.

Dal palazzo Montoro di Porto Empedocle Luigino, verso i sei anni, viene portato dalla famiglia a Girgenti dove Stefano si è trasferito perché ha ancora una volta cangiato lavoro.

Vanno ad abitare in una casa grigia e alquanto squallida in via San Pietro che è una strada di mala nomèa, solitaria e luogo d'incontri e scontri tra gente di malavita. Da via San Pietro, ancor oggi, si vede il mare lontano e, allora, senza i nuovi palazzi a fare da cupa parete, si dovevano certamente scorgere alcune case di Porto Empedocle, almeno quelle di Piano Lanterna: ma nella memoria di Luigi adulto questo paesaggio non torna, non c'è il ricordo di una luce marina che avrebbe reso meno cupa la casa. Forse il lato posteriore dell'appartamento dava su un cortile interno.

... la via mostrava ancora l'antica cinta della città con le torri mezzo diroccate. Nella prima, chiusa appena da una portaccia stinta e sgangherata s'esponevano i morti sconosciuti e si portavano per le perizie giudiziarie gli uccisi.

Vicino alla casa c'è la chiesa di San Pietro che dà il nome alla strada.

Una sera, proprio davanti alla porta d'entrata dei Pirandello, si scatena una sciarriata tra gente di malavita. Un uomo viene ferito a morte da alcune coltellate. Gli assalitori fuggono, il ferito rimane steso sulla strada, a fare voci d'aiuto, a lamentiarsi. La cammarera si precipita a inserrare persiane e finestre perché Luigino non senta le strazianti, disperate grida del moribondo. Poco dopo non si sentiranno più e le finestre potranno essere riaperte. Quella sera fa molto càvudo.

DELL'INSERRARE FINESTRE

A considerare il fatto appena contato può parere che nella famiglia Pirandello regnassero indifferenza, egoismo, timore dell'inevitabile coinvolgimento.

Quel ferito viene abbandonato lì, ad agonizzare e a morire, è vero. Ma il non voler vedere, il non voler sentire era l'atteggiamento più diffuso e comune tra le famiglie della borghesia siciliana, grande o piccola che fosse, e che si poteva compendiare nelle semplicissime parole: "fatti loro". Ma "loro" chi? Quelli che non erano persone "civili", persone perbene, che le facenne le usavano risolvere a coltellate, a revorbarate, a colpi di lupara. Veniva eretto un muro, un confine apparentemente ben delineato, ben difeso, tra i malavitosi, di mafia e no, e le persone "civili" e queste ultime si guardavano bene dal lasciarsi immischiare, dallo sporcarsi del sangue (magari per soccorrere un ferito) che la violenza e la sopraffazione lasciavano frequentemente scorrere.

Accennare a un fatto di mafia all'interno di un salotto di persone "civili" equivaleva, come cattivo gusto, a parlare di mal di pancia durante un pranzo di gala.

"Fatti loro", dunque, e che tali dovevano restare.

Apparentemente però.

Perché la maggior parte o quasi di quelle cosiddette persone perbene, se per un loro problema che poteva parere apparentemente irrisolvibile per vie legali, aveva bisogno di soluzioni poco ortodosse, non si faceva scrupolo, attraverso amici degli amici, di fare ricorso all'appoggio e all'aiuto di qualche mafioso locale, del resto ben conosciuto in quanto tale con nome, cognome e indirizzo.

La mafia quindi, ostentatamente e ipocritamente ignorata in pubblico, veniva, in certe speciali occasioni private, riconosciuta, attivata e usata. Non è detto che queste particolari mediazioni finissero sempre a schifìo, con sparatine e ammazzatine: assai spesso il mediatore mafioso "ragionava" con le due parti e il potere che aveva alle spalle faceva sì che il perdente, quello che nell'accordo finiva per rimetterci, s'inchinasse davanti a quella legge non scritta, ma certamente più da rispettare che il pronunziamento di un giudice conciliatore.

Naturalmente la mafia, una volta fatto l'intervento richiesto e averlo portato a buon fine, presentava il conto mai quantificato in denaro, bensì in favori, voti, privilegi.

Un intreccio perverso.

Resta comunque l'evidenza che Pirandello, forse memore per il resto della sua vita del gesto di quella cammarera, in tutti i suoi romanzi, in tutte le sue novelle, in tutto il suo teatro tenne ostinatamente inserrata la finestra davanti alla mafia.

MARIA STELLA

Difficile scangiare parole con la madre, impossibile farlo col padre, nella casa girgentana Luigino fortunatamente trova un'amica.

È la cammarera, la criata Maria Stella. Con la quale riesce ad avere una comunicazione vera, aperta. Maria Stella è una popolana che deve essere stata un'ottima affabulatrice e che s'appaga dello sguardo intento e intenso del picciliddro alle sue parole.

Un detto popolare così una volta suonava: "La criata fa la criatura".

Il detto aveva un doppio significato. Il primo era che la serva, se giovane, finiva immancabilmente col restare incinta di qualche màscolo di casa, il padrone o il signorino. Il secondo, che spesso era la serva di casa ad allevare e a "formare" il bambino o la bambina della famiglia.

Per alcuni aspetti, veramente Maria Stella formò Luigino.

Il siciliano non è religioso, ma superstizioso, Verga, Capuana, Brancati, Sciascia l'hanno ampiamente dimostrato. E basterà pensare, ai giorni nostri, a quell'assassino mafioso che, pur latitante, si faceva venire spesso il prete nel suo rifugio costellato da altarini e santini.

Certe feste religiose appartengono per alcune manifestazioni più alla latata pagana dei siciliani che a quella cattolica. Limitandoci a Girgenti e al suo territorio, ne ricordiamo almeno due: *La Sagra del Signore della Nave* (c'è un atto unico di Pirandello ad essa dedicato) che si svolge davanti alla chiesetta di San Nicola e consiste soprattutto in una gigantesca scannatina di porci, e la festa di San Calò (che nel romanzo *L'esclusa* Pirandello inspiegabilmente chiama come la festa dei Santi Cosma e Damiano).

In quasi tutte le case siciliane il clero (nel quale veniva identificata in toto la religione) aveva un potere che andava assai al di là di quello spirituale, i suoi consigli erano richiesti in ogni occasione di vita, dall'acquisto di un mobile al matrimonio.

Casa Pirandello era invece una spina nel fianco di padre Sparma, beneficiale della vicinissima chiesa di San Pietro. I Pirandello avevano fatto battezzare i loro figli, questo sì, ma non erano gente di chiesa, non erano praticanti, e tanto bastava perché fossero giudicati dai vicini come gente senza Dio. Non era affatto così, ma i Pirandello appartenevano, per educazione e convinzione, alla categoria di coloro che sottoscrivevano il proverbio "Monaci e parrini / senticci la Missa / e stòccaci li rini" (Monaci e preti ascoltali mentre dicono Messa e subito dopo spezza loro la schiena).

La criata Maria Stella conta al picciliddro le stesse storie che hanno contato a lei quand'era picciliddra. Sono storie popolari, come quella della casa dei Granella abitata da spiriti dispettosi o come quella del corvo di Mìzzaro anche essa con gli spiriti a protagonisti o come quella dell'Angelo Centuno che va di notte alla testa di una schiera di angeli. Da grande, Pirandello tornerà su questi racconti uditi dalla voce di Maria Stella e ne trarrà soggetti per le sue novelle (la storia dell'Angelo Centuno costituirà anche uno splendido monologo nei *Giganti della montagna*). Ma è indubbio che il racconto che più di tutti colpisce il picciliddro è quello del figlio cambiato.

IL FIGLIO CAMBIATO

La favola del figlio cambiato è praticamente nota in tutto il mondo, con delle varianti che obbediscono alle diverse culture. La versione mediterranea è quella di una povera madre la quale non sa rassegnarsi alla realtà: nella culla suo figlio è un essere malforme, ma lei reagisce rifugiandosi nella convinzione che il suo vero figlio, bello e biondo, sia stato rapito dalle *donne* (le streghe) che al suo posto hanno lasciato quest'altro, brutto, storpio e che non sa manco parlare. Un giorno, nel porticciolo, arriva una nave straniera con a bordo un principe giovane e malato, venuto a curarsi al sole del Sud. E subito la madre si convince che il principe è il suo vero figlio, miracolosamente tornato. Il figlio storpio (che porta in testa una corona di carta e vetraglia ed è chiamato buffonescamente "figlio-di-re"), geloso, vuole assassinare il principe senza riuscirci. Intanto il padre del principe muore e il giovane viene proclamato re. Ma il principe rifiuterà di ripartire per il suo paese. E propone uno scambio: al suo posto incoronino lo storpio. I ministri rifiutano la proposta. E il principe:

Credete a me,
non importa che sia
questa o quella persona:
importa la corona!
Cangiate questa di carta e vetraglia
in una d'oro e di gemme di vaglia,
il mantelletto in un manto
e il re da burla diventa sul serio,
a cui voi v'inchinate.
Non c'è bisogno d'altro, soltanto
che lo crediate.
PRIMO MINISTRO *Ma come vuole, Vostra Maestà,*
che possiamo…
IL PRINCIPE *Che cosa? Credere?*
Si può sempre! Si può tutto!
IL MAGGIORDOMO *Ma questo, no, perché sappiamo*
che non è vero!
IL PRINCIPE *Ma niente è vero,*
e vero può essere tutto;
basta crederlo per un momento,
e poi non più, e poi di nuovo,
e poi sempre, o per sempre mai più.
La verità la sa Dio solo.
Quella degli uomini è a patto
che tale la credano, quale
la sentono. Oggi così,
domani altrimenti. Credete,
credete che questa
vi può convenire assai più della mia.
Io, ora, la so,
la mia verità.

Ero piccolo qua,
con questa madre, nato a questo sole;
povero, ma che importa?
con quest'amore di madre
e questo cielo e questo mare
e la salute e la gioja
di vivere la mia,
la "mia" vera vita per me!

Davanti a questo mare, a questo cielo
vedo anche le case
sollevarsi a un respiro di sollievo!
e ogni casa, per umile che sia,
diventa una reggia del sole!

Veder tutto ai miei piedi?
Preferisco sentire
qualcosa sopra di me!

Pigliatevi, portatevi
lontano il vostro re!

Naturalmente, la conclusione sarà quella voluta dal principe: sulla nave venuta a prenderlo salirà al posto suo il buffo, miserevole re da burla.

Forte la fedeltà, nel corso degli anni, dello scrittore e drammaturgo Pirandello a questa storia popolare sentita da bambino.

Nella raccolta di novelle intitolata *Dal naso al cielo*, edita da Bemporad nel 1925, appare il racconto *Il figlio cambiato* che si ferma sostanzialmente alla prima parte della favola, non c'è cioè l'arrivo del principe. L'illusione della povera madre viene alimentata da una magàra, Vanna Scoma, la quale di tanto in tanto le porta notizie del figlio cangiato dalle *donne* e le dice che vive da principe, amato da tutti e felice.

La magàra lo fa certamente per scroccarle qualche soldo, ma c'è in lei magari un filo di pietà: ella infatti dice alla madre che se tratterà bene il figlio sconciato lasciatole dalle *donne* pure l'altro, quello vero, starà bene.

LUIGINO, FIGLIO CAMBIATO

Appena in età di ragione, Luigino comincia ad avere dei dubbi sulla sua appartenenza. Cosa ha da spartire lui, compassato, tutt'altro che discolo, incline al raccoglimento, con grandi occhi attenti tra i riccioli castani che scendono sino ai lati del viso (così si autoritratterà nella novella *La Madonnina*) con quell'omaccione ululante, iroso, impulsivo, che tanto fa piangere la mamma?

Attenzione, però: Stefano Pirandello non era un bruto ignorante, come potrebbe apparire se lo vedessimo solo con gli occhi di Luigino. Egli, per esempio, era stato allievo del grande umanista Gaetano Daita che, tra l'altro, gli insegnò l'inglese e il francese, lingue indispensabili, allora come oggi, per uno che avrebbe fatto il commerciante. Il problema era caratteriale.

Il racconto del figlio cambiato fattogli da Maria Stella è per lui una specie di rivelazione: non solo è nato nel posto sbagliato e nel giorno sbagliato, ma quella lucciola cadente (come ha voluto rappresentare la sua nascita) è andata magari a finire in una famiglia sbagliata. Sì, sicuramente è capitato così, perché lui sente di essere di un'altra famiglia, di un'altra razza.

Sulla diversità dei siciliani tra di loro, Vitaliano Brancati ha scritto pagine illuminanti.

"Qui, in Sicilia, passare dal signor Luciano al signor Maddalena (il che si fa attraversando un pianerottolo con un solo gradino) è come volare da una costellazione all'altra."

E sempre Brancati ci ha raccontato delle diversità sostanziali di carattere e di temperamento all'interno di una stessa famiglia.

Il giro di sangue caldo di Stefano non è lo stesso del giro di sangue di pesce di Luigino (tanto per continuare a usare espressioni alla Brancati). Solo che le cose non stanno esattamente così come appaiono, ma Luigi dovrà metterci la vita per capirlo, lui, il teorico (almeno secondo Tilgher) della differenza tra vita e forma.

Comunque sia, il racconto di Maria Stella ha in un certo senso compattato le molteplici incertezze del piccilid-dro Luigino trasformandole in una certezza: è un figlio cambiato.

E tanto insisterà che Maria Stella, all'insaputa dei genitori, lo condurrà a vedere un neonato non rubato, ma spostato dalle *donne*, forse un tentativo di cambiamento andato a vacante perché la creatura, dalla culla dove dormiva, è stata ritrovata in cucina, sotto il tavolo.

La stessa Maria Stella un giorno conterà a Luigino, come se niente fosse, d'avere incontrato per via San Pietro il fantasma dell'assassinato le cui grida ella ignorò quella sera inserrando le finestre. Certamente tanticchia di rimorso e molta superstizione avranno fatto nascere quel fantasma, ma anche questo argomento toccherà profondamente Luigino.

IL SACRILEGIO

Come si è già detto, la famiglia Pirandello non frequenta la chiesa di San Pietro, non va manco alla messa domenicale. Sono i più ricchi degli abitanti di quella strada di povirazzi e, agli occhi del beneficiale padre Sparma, danno malo esempio a tutti.

Nella novella *La Madonnina*, che conta un episodio fondamentale dell'infanzia del picciliddro Luigino, don Sparma (qui chiamato don Fiorìca, mentre il nome Pirandello è cangiato in Greli) non sa darsi pace di quel contegno che dà in un certo qual modo scandalo.

Il padre beneficiale Fiorìca aveva in cuore da anni la spina di questa famiglia che si teneva lontana dalla santa chiesa, non già perché fosse veramente nemica della fede, ma perché lei, la chiesa, a giudizio del signor Greli (ch'era stato garibaldino, carabiniere genovese nella campagna del 1860 e ferito a un braccio nella battaglia di Milazzo) lei, la chiesa, s'ostinava a rimanere nemica della patria; ragion per cui un patriota come il signor Greli credeva di non potervi metter piede.

Le strumentiava tutte, padre Sparma, per entrare nelle simpatie dell'ex garibaldino: spesso s'appostava al suo passaggio e quando gli arrivava a tiro, lo salutava per primo con un bell'inchino, *con dignitosa umiltà* e un largo sorriso. Ma l'accigliato don Stefano tirava di longo, rispondendo appena, *con brusca durezza.*

A parlare a Luigino della Madunnuzza, del Signuruzzu e del Bammineddru Gesù è naturalmente la criata Maria Stella la quale però si scanta a portare il picciliddro in chiesa senza l'autorizzazione dei padroni, che certamente l'avrebbero negata.

Il travaglio quotidiano di don Stefano era duro e faticante, tornava certe volte a casa al limite dello stremo. Riusciva, dopo mangiato, a farsi un'orata scarsa di sonno per pigliare nuove energie per il resto della giornata.

Un dopopranzo, appena gettatosi sul letto, non riesce a chiudere occhio perché le campane di San Pietro suonano in continuazione in occasione di una festa religiosa. Don Stefano s'arramazza nel letto, a dritta e a manca, sempre più incaniato e nirbùso.

A un certo momento, che gli pare di star niscendo pazzo, salta giù dal letto, agguanta il fucile, acchiana in mutande com'è sul terrazzo e da lì, dato che era omo dalla sparatina facile, tira due colpi di lupara contro le campane.

Colpì, delle tre, quella di destra, la più squillante: occhio di antico carabiniere genovese! Ma povera campanella! Sembrò una cagnolina che, colta a tradimento da un sasso, mentre faceva clamorosamente le feste al padrone, cangiasse d'un tratto l'abbaìo festoso in acuti guaìti. Tutti i parrocchiani, raccolti per la festa davanti alla chiesa, si levarono in tumulto, furibondi, contro il sacrilego. E fu vera grazia di Dio, se al padre beneficiale Fiorìca, accorso tutto sconvolto e coi paramenti sacri ancora in dosso, riuscì d'impedire con la sua autorità che la violenza dei suoi fedeli indignati prorompesse e s'abbattesse sulla casa dei Greli.

Padre Sparma riesce a riportare la calma tra i fedeli che assugliano la casa estorcendo a don Stefano la promessa di una campana nuova (e don Stefano manterrà fede alla parola data). Ma la calma non torna nel cuore di Luigino, lacerato da una nuova ferita per colpa del padre. Egli è rimasto sconvolto da quel gesto sacrilego, vuole con tutte le sue forze dimostrare la sua totale diversità da don Stefano. Per questo supplica la criata di portarlo in chiesa quando lei ci andava.

«E se papà non volesse?» gli diceva la serva.

Ma Guiduccio (così Pirandello chiama se stesso picciliddro nella novella) *insisteva, scosso da un brivido a ogni rintocco della campana che seguitava a chiamar sommessa nella notte.*

Finalmente la criata si decide ad accompagnarlo in chiesa. A quella prima visita, ne seguono altre.

... arrivato alla piazzetta della chiesa, alzava gli occhi al campanile, e allo sgomento misterioso che gliene veniva, non meno misterioso rispondeva il conforto che, appena entrato nella chiesa, gli veniva dai ceri placidi accesi sull'altare, nella frescura dell'ombra solenne insaporata d'incenso.

Comincia, sicuramente, a farsi delle domande. Se la chiesa è un posto che i suoi non frequentano, perché lui invece ci si ritrova tanto bene? Non è questo un altro segno che lui è caduto nella famiglia sbagliata? E se lui è un figlio cambiato non è possibile che il suo vero padre sia qui, nella chiesa?

Il parrino, quando vede Luigino inginocchiato davanti all'altare, ne rimane commosso, lo carezza, lo porta in sacrestia. Ma pretende che il picciliddro lo conti alla madre e ritorni col suo permesso. Che viene accordato (forse all'insaputa di don Stefano). Luigino cade in una vera e propria crisi mistica.

E il padre beneficiale Fiorìca, vedendosi davanti spalancati e intenti quegli occhioni fervidi nel visetto pallido e ardito, tremava di commozione per la grazia che Dio gli concedeva di bearsi di quel meraviglioso fiorire della fede in quella candida anima infantile... ne provava tale gaudio e insieme tale sgomento, che si sentiva quasi schiantar l'anima.

«Oh figlio mio! E che vorrà Dio da te?»

Luigino moltiplica le preghiere, vive perennemente in stato febbrile.

Un giorno gli arriva da Palermo un vestito da marinaretto fatto apposta. Luigino esce di casa coll'abito appena incignato. Fatti pochi passi, incontra per strada un picciliddro come lui, conosciuto in chiesa, poverissimo, con un vestito tutto pirtusi pirtusi, sotto i quali si vede la pelle. È un attimo. Senza dire parola, si leva il vestito nuovo, lo dà al compagno e se ne ritorna a casa, pronto ad affrontare l'inevitabile liscebusso della madre.

Sarà un'altra opera di bene a costargli, paradossalmente, la fede.

Bisogna premettere però che Luigino appartiene già a quella latata di siciliani per i quali la colpa più laida di cui un uomo possa macchiarsi è l'inganno, magari se fatto a fin di bene, verso l'amicizia, la famiglia, il patto stipulato, l'affetto.

Nel mese mariano padre Sparma usava sorteggiare tra i fedeli una Madonnina di cera allocata sotto una campana di vetro. Ogni polizza costava un soldo, cioè dieci centesimi.

Il sagrestano aveva l'incarico della vendita durante la settimana, e su ogni polizzina segnava il nome dell'acquirente. Tutte le polizzine poi, la domenica, erano raccolte arrotolate in un'urna di cristallo; il padre beneficiale Fiorìca vi affondava una mano, rimestava un po' tra il silenzio ansioso di tutti i fedeli inginocchiati, ne estraeva una, la mostrava, la svolgeva e, attraverso le lenti insellate sulla punta del naso, ne leggeva il nome. La Madonnina era condotta in processione tra canti e suoni di tamburi alla casa del sorteggiato.

Era diventata cosa d'uso che, a ogni domenica, la madre di Luigino gli consegnasse dieci centesimi per accattarsi qualche dolciume: ma Luigino quel soldo lo spartiva con nove compagni poveri, un centesimo a testa, l'ultimo lo serbava per sé. Il giorno che era andato in chiesa per accattare una polizza con il centesimo restatogli, proprio sulla porta *era stato avvicinato da un ragazzetto tutto arruffato e scalzo, il quale, da tre settimane ammalato... vedendo ora Guiduccio con quell'ultimo soldino in mano, gli aveva chiesto se non era per lui. E Guiduccio gliel'aveva dato.*

Quindi Luigino non ha potuto accattarsi manco una polizza. Il giorno dell'estrazione aspetta, in silenzio, che il parrino svolga il pizzino e legga il nome del fortunato che certamente non può essere lui. Invece, del tutto inaspettatamente, padre Sparma dice ad alta voce, chiarissimamente, il suo nome e il suo cognome: Luigino Pirandello.

Il nome è quello di un altro, coscientemente padre Sparma ha strumentiato un imbroglio, sperando che l'ingresso della Madonnina in casa Greli facesse il miracolo di conciliare quella famiglia alle "cose di Dio", come si usava dire per indicare la frequentazione dei riti della Chiesa.

Allo scoppio d'esultanza di tutti i divoti, Guiduccio però, diventato in prima di bragia, si fece subito dopo pallido pallido, aggrottò le ciglia sugli occhioni intorbidati, cominciò a tremar tutto convulso, nascose il volto tra le braccia e, guizzando per divincolarsi dalla ressa delle donne che volevano baciarlo per congratularsi, scappò via dalla chiesa, via, via, e rifugiandosi in casa, si buttò tra le braccia della madre e proruppe in un pianto frenetico.

L'agitazione di Luigino raggiunge il massimo quando sente vicini i tamburi della processione che si è apposta formata per accompagnare la statuetta a casa sua.

«Non è vero! Non è vero! Non la voglio! Mandatela via! Non è vero! Non la voglio!»

Per calmare il picciliddro che cimìa come un àrbolo sbattuto dal vento, la signora Pirandello ordina che la statuetta sia riportata in chiesa.

Ma il danno irreparabile oramai è fatto.

Tra i singhiozzi, Luigino ancora una volta capisce d'avere fallato di casa, la sua famiglia non può essere quella dove si fa uso della menzogna e dell'inganno per ottenere certi risultati. La fede l'ha persa per sempre.

E anni dopo, all'università di Bonn, sul modulo che raccoglie i dati personali di ogni iscritto, alla voce "Religione" scriverà: "Ateo".

LA DOMANDA

Mentre don Stefano si trova tenuto a Palermo dagli affari, donna Caterina viene pigliata da una malatìa che le porta febbre forte. Sua sorella Concettina, che abita macari lei a Girgenti, arriva con una carrozza e trasferisce a casa sua la malata e le piccilidddre. Luigino resta in via San Pietro con la cammarera la quale, quando nesci per andare a fare la spesa, se lo porta appresso.

Una matina che stavano tornando dal mercato, proprio appena imboccata via San Pietro, due picciottazzi si erano messi a dire cose vastase a Maria Stella la quale aveva accelerato il passo, ma non poteva mettersi a correre a causa di Luigino che teneva per mano.

Uno dei due poi era corso avanti di qualche passo, quindi si era voltato e, taliando la fimmina, si era portato una mano all'altezza del cavallo dei pantaloni.

«La vo' vìdiri la minchia, beddra?»

Ridendo, aveva allargato le braccia e aveva principiato a muovere il bacino avanti e narrè:

«Ti la vo' fari una ficcata cu mia?».

A questo punto Maria Stella si era messa a fare voci e i due picciottazzi erano scappati.

Ogni sera, quando Luigino si corcava, la cammarera s'assittava ai piedi del letto e principiava a contargli le sue storie. La sera del fatto non ebbe manco il tempo di aprire la bocca che il piccilidddro le spiò:

«Che viene a dire ficcata?».

A malgrado della scarsa luce che faceva il lume sul comodino, Luigino si addunò che Maria Stella era di colpo arrussicata.

«Signurinu, nun mi facissi di chisti dumanni.»

«E io te la faccio, invece. Che viene a dire ficcata?»

Maria Stella s'ammucciò la faccia con le mani, poi si fece il segno della croce e si decise a rispondere.

«È chiddru ca fanno un màscolo e una fìmmina quanno che si sono maritati.»

Luigino non s'accontentò, l'assugliò di domande. E Maria Stella, ch'era oramà tutta una vampa di foco, che a momenti faceva più luce del lume per il rossore, andò avanti nelle spiegazioni come meglio le rinisciva.

A un certo momento Luigino disse che gli era calato sonno. La cammarera gli diede una vasata sulla fronte, astutò il lume, scappò di corsa liberata dal supplizio.

Ma Luigino aveva detto una farfantarìa, non era vero che voleva dormire, voleva essere lasciato solo per pinsàre e ripinsàre a quello che aveva appena sentito, a quello che aveva appena imparato. E più ci tornava con la mente, più avvertiva nella bocca dello stomaco una gravura, un gran peso.

Dopo un'orata di malo stare, si susì dal letto a pedi lèggio, andò nel cammarino di commodo e vomitò. Forse le triglie che gli aveva fatto mangiare Maria Stella non erano fresche.

LA TRASGRESSIONE

La matina appresso, la cammarera della za' Concettina s'appresentò per dire che donna Caterina, guarita, sarebbe tornata a casa il sabato che veniva. Il picciliddro non seppe se provare piaciri o dispiaciri a quella notizia: tornata la madre, non ci sarebbe stata più la nisciuta matutina con Maria Stella per andare al mercato, d'altra parte la mancanza della madre gli principiava a pesare. Fatti i calcoli, gli restavano ancora tre giornate di relativa libertà.

Durante l'assenza della padrona, Maria Stella aveva pigliato l'abitudine di farsi un'ora di sonno di primo dopopranzo e Luigino se ne approfittava per raprire cautamente le persiane di qualche centimetro e taliàre quello che capitava nella strada.

Il venerdì mattina andarono presto al mercato, dove stavolta la cammarera accattò più cose del solito in vista dell'arrivo della signora e degli altri figli. Poi, tornati a casa, Maria Stella disse a Luigino di starsene nella sua càmmara: doveva puliziare a fondo, spolverare i mobili, lavare per terra. Voleva che la padrona, tornando, trovasse la casa linda e pinta. Luigino obbedì e, appena sentì la cammarera che in salotto attaccava a cantare, raprì tanticchia le persiane e si mise a taliàre fora.

Vide passare un vecchio zoppo che si tirava appresso una capra macari lei zoppa, un carretto vacante col carrettiere cicàto da un occhio, un poviro che gli mancava un braccio e un cane che, a parte la rogna, pareva l'unico a essere intero.

Poi taliò una specie di processione che s'avvicinava.

Due òmini portavano una barella sulla quale, cummigliata da un linzòlo nìvuro, ci stava una sagoma umana. Appresso veniva uno vestito in divisa.

Davanti alla porta della torraccia, la guardia si fermò, tirò fora dalla sacchetta una chiave e raprì. Scomparsero tutti trasendo dintra. Dopo tanticchia i tre òmini niscirono di nuovo, portandosi via barella vacante e linzòlo. Ma la guardia, accostati i battenti, non inserrò il portone a chiave, forse distratto da uno dei barellieri che gli stava dicendo qualcosa. Se ne andarono.

Luigino sentì che il cuore principiava a battergli forte.

Dintra alla torraccia c'era un morto. E lui doveva vederlo, sapere com'è fatto un morto. Non poteva perdersi l'occasione. Aveva imparato a capire che ora era dal taglio del sole sopra il campanile della chiesa: erano sì e no le dieci del matino.

La sua unica possibilità di scendere in strada e andare a taliàre il morto nella torraccia stava nel dopopranzo quando Maria Stella andava a corcarsi, dalle due alle tre.

Come avrebbe fatto a passare quelle quattro ore? E se fossero tornati prima a ripigliarsi il morto per seppellirlo? Meglio non pinsarci. Si provò a fare i compiti che gli aveva assegnato il maestro che veniva a casa a fargli lezione, ma era troppo svogliato, distratto. Non riusciva a esserci con la testa. Verso mezzojorno lasciò perdere, e pacienza se il maestro gli avrebbe fatto un liscebusso solenne. Si gettò sul letto vestito com'era.

Quelli che muoiono malamente, gli aveva spiegato Maria Stella, addiventavano quasi sempre anime in pena, fantasime. E quello dintra alla torraccia di certo era morto malamente. Luigino si augurava di poterlo vedere nel preciso momento nel quale da morto si stracangiava in fantasima. Sarebbe arrivato a tempo?

Non arriniscì a toccare mangiare, a malgrado che la cammarera gli avesse preparato la pasta 'ncasciata e gamberi fritti, cose che gli piacevano assà. Maria Stella si preoccupò: proprio ora che stava per tornare la padrona, il picciliddro capace che si ammalava.

«Signurinu, non si senti bonu?»

Appena la fìmmina andò a corcarsi, Luigino in un vìdiri e svìdiri si trovò sulla strada. Da solo non c'era stato che qualche volta, a contarle sulle dita di una mano e solamente per fare il tragitto da casa a chiesa, taliàto dal balcone dalla madre. Provò tanticchia di spavento, ma fu un momento. Doveva mettersi faccia a faccia col morto, non c'era remissione. La strada a quell'ora era deserta, la traversò e si trovò davanti al portone della torraccia.

Aveva visto giusto: pareva chiuso, ma non lo era, le ante erano solo accostate. Isò un braccio, posò la mano sul legno càvudo per il sole che vi batteva in pieno. E rimase per un momento accussì. Non sapeva spiegarselo, ma sentiva che il gesto che stava per fare era importante per la sua vita, dopo avere aperto il portone qualcosa in lui si sarebbe cangiata per sempre. Spinse leggermente e si meravigliò che il portone non facesse rumorata, raprì quel tanto bastevole a passare di traverso, trasì.

In prima non vide nenti, accecato dal contrasto tra la luce che c'era di fora e lo scuro di dintra. Si fermò con le spalle al portone, aspettando che la vista gli tornasse a funzionare. Ci metteva però troppo tempo e proprio il tempo a lui fagliava. Se putacaso Maria Stella si fosse messa a cercarlo? Doveva fare di prescia.

Avanzò con le braccia stese, ma a fermarlo fu un ostacolo all'altezza della pancia.

Ora ci vedeva abbastanza. Era andato a sbattere contro una panca di legno, lunga e più larga del normale, sopra la quale ci avevano messo il corpo. Prima ancora di vederlo distintamente, Luigino avvertì il malo odore che il cadavere mandava, una cosa a mezzo tra la frutta marciùta e quello del cammarino di commodo dopo che uno ci aveva fatto i suoi bisogni. Pigliava allo stomaco.

Si fece forza e taliò.

La luce era splàpita, stenta, veniva da una finestra a

fessura alta nella parete della torraccia. Chissà perché, le prime che lo colpirono furono le scarpe senza legacci, grosse come quelle dei viddrani, consumate. Poi la testa completamente calva, senza manco un accenno di pilùme. E l'espressione della faccia immobile, gli occhi erano chiusi, ma la bocca era aperta e storta in una specie di ghigno e mostrava i denti lunghi e gialli di cavallo. La barba era ispida, bianca e nera. Un braccio toccava terra con la mano, l'altro era ripiegato sul petto.

Luigino ne restò deluso: quello era un morto? Una "cosa" che feteva, un peso inerte (*un orribile ingombro*, avrebbe scritto molti anni dopo).

E fu in quel momento che sentì un fruscìo d'ali. Una palumma, certamente. Quasi avvertendo la necessità di taliàre qualcosa di più vivo, isò gli occhi verso il soffitto sconnesso. Aveva la vista acuta di un picciliddro poco più che decenne, ma per quanto si sforzasse non gli riuscì di vedere la colomba. E intanto quel fruscìo non solo continuava, ma ad esso ora si era aggiunto un tubare, quel gemere che è proprio della palumma. E se per caso la palumma non stava in alto, fra le travi del soffitto, ma era caduta per terra, macari con un'ala spezzata? Luigino abbassò lo sguardo e taliò torno torno.

E li vide. Erano un màscolo e una fìmmina, lei doveva essere una signora perché portava il cappello, i quali stavano facendo un curioso ballo. Lei stava con le spalle appoggiate al muro, nella parte più scura della torraccia, e teneva isate la gonna e la sottogonna inamidate. Ed era questo che Luigino aveva scangiato per fruscìo d'ali, il leggero strusciare che si produceva ogni volta che l'uomo, il quale teneva tra le braccia la fìmmina, sbatteva il suo corpo contro quello dell'altra. E il tubare di palumma nisciva sommesso dalla bocca della fimmina che teneva gli occhi stritti, chiusi, un largo sorriso beato sulle labbra. E macari l'uomo, a ogni spinta che dava in quello strano ballo, pareva provasse dolore, perché a volte faceva "ah! ah!", un lamento come di pena.

Luigino stette a taliàrli un pezzo, strammato.

Perché quei due stavano a ballare davanti a un morto, e tanto persi nel loro divertimento da non farsi capaci che c'era qualcuno, sia pure un picciliddro, che vedeva quello che facevano?

Poi gli parse che la finestrella a fessura si spaccasse di colpo come per una passata di terremoto, una luce accecante invase la torraccia. Luigino si sentì le gambe di ricotta, capì, sentendosi aggelare, che quel màscolo e quella fimmina non stavano ballando, ma facevano quello che due sere avanti Maria Stella gli aveva spiegato. E non dovevano manco essere maritati, perché la cammarera gli aveva specificato che quelle cose marito e mogliere le facevano la notte, nella loro càmmara di letto.

Arretrò, raprì il portone, scappò, tornò nella sua càmmara, s'infilò nel letto. Sentì che gli stava venendo la febbre, l'odore di quel corpo morto gli si era attaccato sulla pelle.

LA MARCHIATURA

Per quello che ha visto nella torraccia, per i pochi minuti che c'è stato, Luigino ne resterà marchiato a vita.

Dice Leonardo Sciascia:

"Sempre in Pirandello l'amore avrà questo sentore di

morte. Non l'idea della morte: ma la fisica putrescente presenza della morte... E non c'è mai una donna che, per quanto bella, l'autore non investa, più o meno evidentemente, d'un'ombra di repulsione".

Repulsione che spesso è qualcosa di più, è orrore non limitato solo a quello della donna, ma al corpo in sé, e se c'è un'attrazione è una "attrazione dello schifo"che inevitabilmente sfocia nel disgusto della reciproca contaminazione.

... *a poco a poco l'orrore del corpo di lui, in tutte quelle immagini indelebili che le si erano destate durante la confessione delle sue turpitudini, era divenuto orrore del suo stesso corpo* (da *Pena di vivere così*).

E ancora:

Era lì davanti a me; m'acciuffava con una mano i capelli; mi si metteva a sedere sulle ginocchia, sentivo il peso del suo corpo. Chi era? Nessun dubbio in lei ch'io lo sapessi, chi era. E io avevo intanto orrore dei suoi occhi che mi guardavano intenti e sicuri; orrore di quelle sue fresche mani che mi toccavano certe ch'io fossi come quei suoi occhi mi vedevano; orrore di tutto quel suo corpo che mi pesava sulle ginocchia, fiducioso nell'abbandono che mi faceva di sé...

Ha scritto Aldo Giorgio Gargani che "nessuno come un bambino si trova continuamente faccia a faccia con la morte", anche se il significato della parola "morte" il bambino, necessariamente, l'apprenderà assai più tardi.

Ma in questo caso la successione cronologica non può che essere negata, Luigino viene a trovarsi nello stesso tempo di fronte alla parola e di fronte al suo significato. E anche di fronte alla contestuale profanazione della morte da parte della vita, profanazione che raggiunge appieno il suo scopo che è quello di rendere assai più laida la morte stessa e nello stesso tempo, come avviene nei vasi comunicanti, quella laidezza stinge, macchia il gesto provocatorio, cioè l'atto sessuale.

Qualcosa che non ha niente a che fare col rapporto eros-tanatos.

Il corpo, tanto nella vita quanto nella morte, diventa *un orribile ingombro*, privo di ogni sacralità nel suo vivere e nel suo morire.

In fondo, il siciliano pensa che la morte sia un "fatto" e poco di più, sostanzialmente non crede al suo "mistero". Al siciliano interessa, questo sì, la forma, direi la formalità della morte, il rito, la pompa, il cerimoniale delle esequie, in una parola la messinscena, la rappresentazione della morte.

Nei suoi romanzi e nelle sue novelle Pirandello indugerà spesso sui non gradevoli particolari di un corpo che si disfà, talvolta arrivando al dileggio.

Come nella novella intitolata *L'illustre estinto* quando i più alti notabili politici, dal capo del Governo in giù, si recano a rendere omaggio alla salma dell'onorevole Costanzo Ramberti, l'illustre estinto.

Se non che, proprio nel momento più solenne, allorché il presidente della Camera e quello del Consiglio con tutti i ministri e i sotto-segretarii e i deputati e la folla dei curiosi entrarono nella camera ardente, a capo scoperto, accadde una cosa che l'on. Ramberti non si sarebbe potuto mai immaginare: una cosa orribile, nel silenzio quasi sacro di quella scena: un improvviso borboglio lugubre, squacquerato, nel ventre del cadavere, che intronò e atterrì tutti gli astanti. Che era stato?

«Digestio post mortem» *sospirò, dignitosamente in latino, uno di essi, ch'era medico, appena poté rimettersi un po' di fiato in corpo.*

E tutti gli altri guatarono sconcertati il cadavere, che pareva si fosse coperto il volto col fazzoletto, per fare, senza vergogna, una tal cosa in faccia alle supreme autorità della nazione. E uscirono, gravemente accigliati, dalla camera ardente.

(La novella, prima di essere pubblicata sulla "Lettura", subì un'implacabile anche se garbata censura da parte del direttore, Renato Simoni.)

L'irreversibilità dell'esperienza di Luigino nella torraccia è in qualche modo resa più totale dalla lezione che egli ne ricava.

Ha voluto compiere una trasgressione, questa trasgressione l'ha portato alla conoscenza della morte, del peccato, del sacrilegio (ben più grave che sparare alle campane), ma questa conoscenza si è automaticamente configurata come punizione per la trasgressione stessa.

Voler conoscere, voler sapere, in una parola, domandare, nel dialetto siciliano si dice "spiare". E spesso la realtà spiata si ritorce contro chi spia.

LA SCUOLA SCAMBIATA

Come si usa nelle famiglie delle persone "civili", vale a dire la media e piccola borghesia, magari Luigino non viene iscritto alle scuole pubbliche (quelle private appartengono a ordini religiosi e quindi sono non praticabili per don Stefano): le persone "civili" temono il contatto tra i loro figli e quelli del popolino, carrettieri, portuali, che possono permettersi il lusso di mandare un figlio a scuola. I bambini dei ceti più bassi, abituati alla vita di strada, possono insegnare agli altri cose vastase, mettere loro in testa mali pinsèri.

Luigino studia in casa col maestro Fasulo che così descriverà (chiamandolo però Pinzone):

Me lo vedo ancora innanzi vestito squallidamente di grigio, con un vecchio cappello stinto...

Ma il vero squallore sicuramente stava nell'insegnamento del maestro Fasulo, non tanto nel suo vestire. Per mesi fa riempire all'allievo quaderni su quaderni di aste e quando Luigino alla fine si ribella in preda quasi a una crisi nervosa, egli si giustifica con donna Caterina sostenendo, forse in piena sincerità, che a lui il picciliddro pare "tardo". La madre si schiera col maestro, e alle proteste di Luigino reagisce con vigorose sculacciate, attenendosi al detto popolare che recita "cu lu culu s'impara la littra" e cioè che s'impara a leggere e a scrivere a forza di botte sul sedere.

Quasi a compensare la pochezza dell'insegnamento del maestro Fasulo, Luigino, appena ne è in grado, vorrebbe darsi alla lettura, ma la biblioteca di casa si riduce in tutto a quattro o cinque volumi, la Bibbia, *La battaglia di Benevento* e qualche romanzo di Walter Scott.

E questa, per quello che poteva servire, era una delle tante controprove della sua convinzione di trovarsi in una casa cambiata.

"L'educazione, l'istruzione, la preparazione alla vita dei figli si svolgono in base a un cliché fisso, stabilito dalle consuetudini. Le inclinazioni personali sono tenute in minor conto che altrove... nella fase cruciale dell'educazione, le discordanze tra la volontà dei genitori e le inclinazioni dei figli creano serie difficoltà specialmente nell'animo giovanile." Così scrive Sebastiano Aglianò e così puntualmente è avvenuto magari per Luigino.

Terminati gli studi elementari in casa, Luigino viene iscritto da don Stefano alle scuole tecniche di Girgenti, il padre è convinto che Luigino, con un diploma commerciale in tasca, possa aiutarlo concretamente nel suo lavoro.

Ricorderà Pirandello in un frammento autobiografico del 1893: *tutti quei numeri, tutte quelle regole, tutto quel rigido ordine matematico, ripugnavano al mio animo.*

Sarà pur vero che Luigino si sente a disagio dentro quel *rigido ordine matematico*, ma è certo che al malo stare alle scuole tecniche concorressero l'orgoglio ferito per non essere stato nemmeno alla lontana interpellato sulla scelta degli studi e una ragione certamente assai più seria: se supinamente accettava di riconoscersi nella volontà di don Stefano, avrebbe in qualche modo suggellato l'appartenenza a quella famiglia, negata la possibilità al figlio cambiato di credersi tale.

Miracolosamente, applicandosi con estrema severità, Luigino impara a muoversi nel mondo dei numeri e delle regole, tanto da superare l'esame biennale.

E qui Luigino, mettendo in pratica una strategia a lungo meditata, dice a don Stefano di essere stato rimandato in aritmetica affrontando l'inevitabile sfuriata paterna. Alla madre invece racconta la verità: è stato promosso, ma ha la necessità di non trascorrere le vacanze estive in campagna e di restare a Girgenti. Con il denaro che don Stefano gli darà per pagare l'insegnante d'aritmetica che lo preparerà agli esami di riparazione, egli ingaggerà un insegnante di latino che lo metta in condizioni di sostenere l'ammissione al ginnasio-liceo. Donna Caterina ne parla al fratello Vincenzo, che insegna proprio in quella scuola, il quale, prontamente aderendo alla congiura, farà dare lezioni di latino al nipote dal professor Zagara.

Luigino studia intensamente tutta l'estate e quindi affronta l'esame per essere ammesso alla seconda classe ginnasiale, saltando la prima.

E così Luigino si ritrova al ginnasio mentre don Stefano continua a crederlo nelle scuole tecniche. Doppia vittoria: ha potuto scegliere, sia pure con l'inganno, la linea di studi da seguire e ha riconfermato la sua diversità.

Ma, come attesta il suo amico e compagno di scuola De Gubernatis, Luigino al ginnasio "non diede mai prova di possedere un'intelligenza superiore", nei temi prendeva voti bassi. Tanto che il preside, alla fine del secondo trimestre, annota nel registro: "parlarne col prof. Ricci Gramitto". Cioè: parlarne con lo zio, sul quale grava la responsabilità d'averlo fatto andare al ginnasio.

Dopo qualche mese, don Stefano domandò al figlio come mai non gli avesse ancora portato la pagella da firmare. Luigino non venne pigliato alla sprovvista, al problema ci pensava da tempo. La scusa che fornì, da Pirandello stesso definita *cervellotica*, tranquillizzò, ma solo in parte, il padre. Infatti, poco tempo dopo, don Stefano scoprì l'inganno e scatenò la solita scenata furibonda spaccando qualche mobile. Stavolta però Luigino non era isolato: aveva dalla sua la madre e lo zio Vincenzo. Il padre finì con l'arrendersi permettendo che Luigino continuasse a studiare al ginnasio.

Divenne un ottimo studente e non poteva essere diversamente: aveva l'obbligo di dimostrare a don Stefano che la scelta giusta era stata la sua, non quella paterna.

Però la storia della scuola scambiata ha una versione completamente diversa che principia dal momento nel quale Luigino teme che il padre sia vicino a scoprire l'inganno.

LA FUGA IMMAGINATA

«Perché ancora non mi portasti la pagella?»

Luigino si è preparato da tempo a sentire quelle parole, si è ripassato la risposta macari davanti allo specchio, ma quando la domanda arriva ha la forza di una scopettata, è un colpo in mezzo al petto. Si fa forza e riesce a dire la farfantaria taliando il padre negli occhi, sa che se scansa lo sguardo, quello capace che capisce a volo l'inganno che in famiglia gli hanno fatto. Pare convinto, il padre, della scusa che il figlio gli ha impapocchiata, e non insiste. Ma Luigino, con la conoscenza che ha di questo strâneo che tutti dicono essere suo padre, ha avvertito che don Stefano ha solo momentaneamente scansato la questione, e tempo di qualche giorno di certo la tirerà fora. Quando la cosa succederà, non sarà la madre a sottrarlo alla furia urbigna di quell'uomo, non ce la può fare.

Passa la notte arramazzandosi nel letto, macari se sente un sonno piombigno pesargli sulle palpebre, queste non riescono a inserrarsi, o se capita, si tratta di brevi momenti di caduta nel sonno, interrotto di colpo da risvegli bruschi, di quelli che ti obbligano a sbarracare gli occhi nello scuro, col corpo sudatizzo.

Due, tre nottate tinte, con donna Caterina che la matina, a vederselo spuntare davanti con quella faccia stravolta, gli mette la mano sulla fronte per vedere se il figlio non stia patendo di qualche linea di febbre.

Il quarto giorno don Stefano si portò appresso da Porto Empedocle a mangiare in famiglia un suo amico, comandante di un vapore che trasportava merci. Era uomo che Luigino aveva pigliato di simpatia, ogni volta che faceva scalo a Porto veniva invitato e aveva sempre qualche regaluzzo per i figli di don Stefano.

Durante quella mangiata, Luigino apprese due cose. La prima era che l'indomani all'alba don Stefano sarebbe partito per Caltanissetta perché aveva a chiffàre in una minera. La seconda era che la nave comandata dall'ospite sarebbe salpata l'indomani dopopranzo alle tre per Genova con un carico di sùlfaro destinato a Como.

Macari quella notte Luigino non chiude occhio, stavolta però per elaborare i dettagli della scappatina da casa che gli pare l'unica soluzione al problema.

La matina appresso, salutata la madre, esce per andare a scuola, ma invece piglia il viottolo d'accorcio che in una mezzorata a piedi lo fa arrivare a Porto.

Alle nove e mezza è davanti all'amico comandante e gli domanda di pigliarselo a bordo, voleva andare a Genova a trovare dei parenti che i Pirandello ci avevano.

Il comandante rispose che non aveva niente in contrario e che la cosa si poteva arrangiare, ma:

«Tuo padre è d'accordo?» spiò.

«Mio padre non ne sa niente» rispose Luigino. «E manco lo deve sapere. Voglio fargli una sorpresa.»

Il comandante lo taliò imparpagliato.

«Ma che ti viene in testa? Come puoi capacitarti che io faccio una cosa simile senza parlarne con don Stefano che è amico mio?»

Non ci fu verso, Luigino non riuscì a farlo persuaso. Dovette ripigliare l'accorcio per Girgenti, ch'era tutto in salita, stavolta però l'acchianata gli veniva più pesante delle altre volte. Ma fu proprio mentre si faceva la strada che gli venne in mente una possibile soluzione. Stabilito che la fuitina da casa era l'unica, un'altra possibilità c'era, macari se più azzardosa.

Mangiò a tavola con la famiglia come tutte le altre giornate. Come tutte le altre giornate passò il dopopranzo a studiare. Poi cenò e si andò a corcare. Durante la notte si susì, stipò una valigetta con un vestito e tanticchia di biancheria, raprì la porta di casa, scinnì la scala allo scuro, ammucciò la valigetta in un sottoscala, tornò a corcarsi.

Don Stefano, prima di partire, gli aveva anticipato la paga settimanale e Luigino aveva sparagnato all'osso sui soldi che il padre gli aveva dato nei giorni passati.

La matina appresso nisci come al solito per andare a scuola, nel sottoscala sostituì ai libri la valigetta e si precipitò alla stazione. C'era un treno per Palermo che sarebbe partito entro una mezzorata, si fece il biglietto e s'ammucciò dintra a un gabinetto nello scanto d'incontrare qualcuno che conosceva la sua famiglia.

Aveva almeno cinque ore davanti prima che a casa s'addunassero della fuitina: il tempo giusto per arrivare a Palermo dove è stato una sola volta anni avanti, ancora picciliddro.

Appena fora dalla stazione di Palermo, il traffico delle carrozze, le voci delle persone l'appagnano, ha un cuore d'asino e uno di leone, non sa se ripigliare un treno e tornarsene a Girgenti o continuare nella scappatina. Nella fantasia suo padre gli si presenta come una specie di Polifemo che se lo mangerà vivo. S'informa in che direzione si trova il porto: sa che la nave dell'amico comandante, salpata da Porto Empedocle, dovrà fare scalo a Palermo.

Si fa a passo di corsa le banchine e finalmente vede la nave che è arrivata allora allora. Ripartirà nella stessa serata: quella è l'ultima occasione che gli resta, la partita se la deve giocare bene. Non acchiana subito a bordo, non vuole che il comandante lo veda affannato o nirbùso. Passa un due orate nelle vicinanze, s'accatta pane e panelle per tenere a posto la fame e dopo, con la faccia il più possibile risulìna, s'appresenta al comandante.

«Papà il permesso mi desi! Lui stesso mi mise in treno!»

Il comandante conosce Luigino per come l'ha sempre visto in casa Pirandello: un picciotteddro assennato, composto, ubbidiente, rispettoso del padre. Inoltre sa che la faccenda dei parenti a Genova è vera. Si mette l'animo in pace e fa imbarcare Luigino, senza manco dichiarare la sua presenza a bordo alle autorità portuali.

Viene ospitato nella cabina del comandante, dove c'è un letto a castello a due posti.

La prima nottata Luigino, a malgrado dello spaesamento, della stanchizza, forse per la caduta della tensione nirbùsa, forse per la soddisfazione d'essere arrinisciuto a sfuggire alla raggia paterna, sprofonda in un sonno piombigno. La seconda nottata, al momento d'inserrare gli occhi, l'assuglia il pensiero della madre, della terribile preoccupazione che le sta procurando. Passa la notte vigliante.

Il peggio viene la nottata appresso, quando non riesce a tenere le lagrime. Svegliato dai singhiozzi, il comandante si fa subito persuaso che le cose non stavano come Luigino gliele aveva contate. L'assuglia di domande e il picciotteddro cede dicendogli la verità.

Appena la nave è attraccata a Genova, il comandante telegrafa a don Stefano. È un lungo telegramma nel quale il povirazzo spiega come Luigino l'abbia convinto con l'inganno e come abbia intenzione di continuare lo studio a Como, dove ci abitano altri parenti. La risposta di don Stefano è completamente diversa da quella che i due si aspettano: il padre consente che Luigino faccia di testa sua.

A Como Luigino si trattenne fino alla terza ginnasio. Appresso tornò in Sicilia, e precisamente a Palermo dove intanto la famiglia si era trasferita, per continuare gli studi secondari.

UNA VARIANTE

Questa storia della fuga in nave per sfuggire all'ira paterna, Luigi Pirandello, verso gli ultimi anni dell'Ottocento, e quindi già scrittore, la raccontò, con larghezza di dettagli, all'amico Pio Spezi. Il quale, quarant'anni dopo, in occasione del conferimento del Premio Nobel allo scrittore, la rese nota su un giornale romano. Pirandello reagì indignato, smentendo su tutta la linea il racconto. Spezi ci rimase male, quella storia veramente gliela aveva confidata il giovane Pirandello. Il fatto è che la fuga per nave non era altro che una variante fantastica: è assolutamente certo che Luigino non s'imbarcò di nascosto, è assolutamente certo che non mise piede nel ginnasio di Como. Ne fanno fede i registri di classe del ginnasio di Girgenti.

E allora perché? Il racconto ha molte crepe, tra l'altro ci presenta un comandante credulone, ma che mai avrebbe clandestinamente imbarcato il figlio minorenne di un amico. Ma la crepa più evidente, che denunzia soprattutto la ragione della variante fantastica, è data dall'arrendevolezza di don Stefano di fronte alla fuga e alla determinazione di Luigino di proseguire gli studi a Como.

Nel racconto, Luigino piega la volontà di don Stefano alla sua, il figlio cambiato dimostra di essere capace di una totale autonomia che è il principio del cammino verso la scoperta dell'identità. Quaranta anni dopo il rapporto col padre sarà diventato diverso, assai diverso, e Pirandello non si riconoscerà più in quella variante fantastica.

"BARBARO"

In casa Pirandello, l'abbiamo già detto, non si praticava la lettura. Luigino, invece, che precocemente era attirato dai libri, scopre proprio vicino a dove abita una fornita cartolibreria che vende romanzi a dispense. I soldi che settimanalmente gli vengono dati dal padre, vanno in gran parte a finire lì. È così che Luigino s'imbatte in una tragedia, la prima della sua vita, intitolata *Eufemio da Messina*. Ne rimane affascinato, un fascino di gran lunga maggiore di quello che su di lui aveva esercitato "l'opira de' pupi", cioè le rappresentazioni delle gesta dei paladini, Orlando e Rinaldo in testa, che avvenivano in fumose cantine frequentate dal popolino. Lì, ad agire, non erano però attori in carne e ossa, bensì pupi di legno ricoperti da corazze di latta. Sotto la suggestione della lettura della tragedia comprata in cartoleria, Luigino, dodicenne, ne compone una lui stesso e la intitola *Barbaro*. Potrebbe fermarsi lì, leggere e far leggere la sua composizione, ritenendosi pago degli immancabili elogi di parenti e amici. Ma Luigino a quell'età sa già che solo con la rappresentazione il testo compiutamente si realizza, quando i personaggi scritti assumono un corpo che viene loro prestato dall'attore, quando l'attore si spoglia di sé per diventare un altro.

Di sua volontà, però. Non attraverso uno scangio inconsapevolmente dovuto subire.

Ad ogni modo, comunque, l'osservazione del fenomeno della trasformazione avrebbe forse potuto portare elementi di conoscenza sull'irrisolto nodo della sua nascita.

Trova nel giardino di casa o dentro l'arcata di un muro (non si sa con precisione quale fosse l'ubicazione) uno spazio che può di per sé costituire uno spazio scenico, raduna familiari e compagni di scuola e mette in scena il suo *Barbaro*. Non ne conosciamo l'esito. Ma la "necessità" del teatro non finì lì. Continuarono le rappresentazioni con altri testi fra i quali, pare, un Goldoni.

Di questo periodo d'approccio al teatro si sa assai poco. Ma questo poco delinea in parte la strada del rapporto che molti anni dopo Pirandello avrà con gli attori.

Esigeva, già a dodici anni, la massima disciplina. C'è, nella compagnia costituita per la rappresentazione del *Barbaro*, un compagno di scuola che arriva sempre in ritardo alle prove e che non segue le indicazioni del coetaneo direttore. E Luigino gli leva la parte, lo caccia via. L'attore espulso si vendicherà facendo pipì sul pubblico nel corso della rappresentazione. L'altro punto fermo è che gli attori devono sapere la parte a memoria. Quando, moltissimi anni dopo, penserà alla costituzione di un suo teatro, dirà a Dario Niccodemi:

Quando io dirigerò, gli attori dovranno studiare e imparare a memoria le loro parti.

Dovranno studiare accanitamente, in casa loro, soli, nel silenzio e nella meditazione. E quando verranno sul palcoscenico, non dovranno più essere gli attori, ma i personaggi stessi della commedia... Ora non è possibile. L'attore si specchia nel suggeritore e, per forza, deve sentirsi grottesco... Non può essere personaggio, rimane attore...

PALERMO - PORTA DI CASTRO

Don Stefano i suoi affari sa come farli e guadagna bene tenendo una famiglia alla quale non fa mancare niente. Ma un giorno conclude un patto con Bellavia e Contino, gestori di una miniera di zolfo nell'entroterra, che si rivelano essere persone non di parola: ricevuto un cospicuo anticipo da don Stefano, dopo qualche giorno dichiarano fallimento. Don Stefano, che formalmente è loro socio, ci rimette tutti i soldi che ha, quasi seicentomila lire di allora, una cifra enorme. La famiglia Pirandello piomba nella miseria, certi giorni mancano i denari per comprare il mangiare. Don Stefano allora si rivolge al fratello primogenito, quel Felice che con l'inganno si era impadronito di tutta l'eredità paterna, per avere una mano d'aiuto. È un passo che certamente non fa con entusiasmo: Felice affida a Stefano la conduzione di un magazzino di zolfo proprio a Porto Empedocle. Teoricamente quindi i Pirandello avrebbero potuto continuare ad abitare a via San Pietro a Girgenti o, al massimo, ritrasferirsi a Porto Empedocle, ma Felice pretendeva che il fratello ogni settimana si recasse a Palermo per fargli una specie di rendiconto sistematico dell'andamento degli affari. Allora don Stefano decide di stabilirsi, con tutta la famiglia, a Palermo.

Affitta il piano terra di un villino a un piano a via Porta di Castro, dietro il Palazzo reale, nella Galka araba (al-halqah in arabo è la "cinta"), cioè il cuore della città.

Per Luigino, che ha tredici anni, il trasferimento è traumatico.

Si rivedeva ragazzetto trascinato per mano dalla madre su e su per tutti quei vicoli a sdrucciolo, acciottolati come letti di torrenti e tutti in ombra, oppressi dai muri delle case sempre a ridosso, con quel po' di cielo che si poteva vedere nello stretto di essi, a storcere il collo, che poi nemmeno si riusciva a vederlo…

Dai vicoli a sdrucciolo di Girgenti, alla Palermo come appare a Donna Mimma, uno dei suoi personaggi:

È una piazza? Che grandezza!… Fra tutti quei palazzi, incubi d'ombre gigantesche straforate da lumi accecata da tanto rimescolìo sotto, di sbarbagli, e sopra da tanti strisci luminosi, file, collane di lampade per vie lunghe diritte senza fine, tra il tramestìo di gente che le balza, di qua di là, improvvisa, nemica, e il fracasso che da ogni parte la investe, assordante, di vetture che scappano precipitose…

Luigino però ha trovato la sua oasi nel giardino che circonda la bella e discreta villetta dove è andato a vivere con i suoi. Al piano di sopra al loro abitano i proprietari, gente agiata e cordiale, con i quali i Pirandello fanno amicizia. Hanno una bambina, che nel periodo scolastico viene mandata in un collegio di suore frequentato dalle figlie delle famiglie altoborghesi palermitane: si chiama Giovanna ed ha quasi undici anni. È molto bella, aggraziata, si muove con eleganza secondo gli insegnamenti di comportamento che riceve in collegio.

GIOVANNA

L'entrata padronale della villa di Porta di Castro è naturalmente sulla facciata, due rampe di cinque scalini portano a una specie di pianerottolo sul quale si apre il portone. Seminterrati ci sono i magazzini. I Pirandello entrano invece dalla parte posteriore della casa, macari qui cinque gradini si fermano a un pianerottolo che è recintato in ferro battuto, una specie di entrata di servizio. Luigino s'impossessa subito della parte di darrè del giardino che è tenuto molto bene, ci sono rose, piante di fiori, alberi da frutta. Ha pigliato l'abitudine di acchianare sopra un albero con un libro in mano e passarvi qualche orata. Quando gliene viene gana, allunga una mano, coglie un frutto e se lo mangia. Sono i primi giorni di giugno, la scuola è finita da manco una simanata, già fa molto càvudo. Una matina, che manca poco all'ora di mangiare, Luigino vede che sul balcone che dà proprio sopra al pianerottolo si è affacciata una carusa della sua stessa età, no, di uno o due anni più picciotta, beddra, biunna, gli occhi azzurri, aggraziata. Pensa di non essere stato visto, ammucciato com'è dalle foglie e invece quella sta taliando proprio a lui e gli sorride.

«Ti avevo scangiato per un gatto.»

Luigino non ce la fa a rispondere, si cala dall'albero tanto di prescia che si frìccica le mani, la testa bassa, si fa di corsa i cinque gradini, trasi in casa col cuore che gli sta satando fora dal cannarozzo. Ma nel doppopranzo i signori proprietari fanno visita ai Pirandello per presentare la loro figlia Giovanna appena arrivata dal collegio. Quando la carusa gli porge la mano, la faccia di Luigino diventa una vampa di foco.

L'indomani a matino, all'ora nella quale nei giorni avanti era solito andare ad arrampicarsi sull'albero, Luigino sta, col libro in mano, nell'arco della porta, dal balcone non può essere visto. Ha un core d'asino e uno di lione, non sa se nèsciri in giardino o tornarsene in casa. E se Giovanna non si è affacciata? Appizza le orecchie per sentire la minima rumorata dal balcone sovrastante, ma per quanta attenzione ci metta non sente nenti di nenti. Si fa persuaso che il balcone è vacante e scende i cinque gradini, avviandosi di corsa verso l'albero. Certo com'è che Giovanna non sia affacciata, a mezza strada si ferma di colpo e si volge a controllare. La carusa invece c'è e lo talìa sorridendo. Luigino tenta d'acchianare sull'albero, ma stavolta non ce la fa, si sente le braccia e le gambe di ricotta, scivola lungo il tronco. Riprova e riscivola.

Sente la risata aperta, divertita, di Giovanna. La vrigogna gli dà più forza e stavolta ce la fa ad assittarsi sul ramo col libro che intanto si è squinternato.

Poi, senza che abbiano avuto modo d'appattarsi prima, principiano un gioco. Luigino si è sistemato in modo che un ramo gli nasconda la faccia, ma basta calarla di tanticchia per vedere Giovanna al balcone. Il gioco consiste in questo: quando Giovanna talìa Luigino, questi s'ammuccia la faccia darrè il ramo, quando invece è Luigino a taliàre, Giovanna si fa trovare con la testa voltata, come se la sua attenzione fosse attirata da qualche altra parte del giardino.

Ma basta un minimo sfaglio nell'alternarsi di ti vedo e non ti vedo che gli sguardi s'incontrano, prima rapidamente distolti, appresso con sempre maggiore lentezza, fino a quando la taliàta si fa lunga, insistita, ferma.

La matina che viene, Luigino sta sull'albero, ma il libro non l'ha manco aperto, Giovanna è al suo posto al balcone, immobile, non si catamina, c'è un vento leggero che le scompiglia i capelli, e lei non isa la mano ad aggiustarseli. A un tratto sul balcone, allato a Giovanna, compare la madre, Luigino si rannicchia tra le foglie, scantato che possa essere visto:

«Giovanna, sei diventata sorda? È pronto in tavola, ti ho già chiamata due volte».

Nei giorni che seguono, Luigino non acchiana più sull'albero, è troppo distante da Giovanna. S'assetta in bilico sull'inferriata del pianerottolo, la testa tirata all'indietro, mentre Giovanna si sporge di più a taliàre di sotto. Così si sentono più vicini.

Una volta la carusa gli dice, tutta calata in avanti, come se gli volesse parlare all'orecchio:

«Domani non ci vedremo, devo uscire con mamma».

Un'altra volta è Luigino ad avvertirla che mancherà al quotidiano appuntamento.

Un giorno capita che l'azzurro degli occhi di Giovanna è più scuro, pare il mare lontano della Marina e dentro quel mare Luigino piglia il largo, affatato, tira la testa ancora più narrè, perde l'equilibrio, precipita all'indietro, riesce ad aggrapparsi all'inferriata, sbatte con la faccia contro le sbarre, sangue gli nesci dalla bocca, infine si lascia cadere, atterrando sulle ginocchia.

Stavolta Giovanna non ride come quella volta che lui non ce la faceva ad acchianare sopra l'albero, è diventata giarna come una morta, tutte e due le mani sulla bocca a soffocare le voci che le vengono di fare, ma non vuole chiamare i familiari e scoprire così il segreto tra lei e Luigino. Questi si rialza, non si è fatto niente, si è solamente scheggiato un dente. Se lo porterà scheggiato fin quando camperà.

LA FINE DELLA VACANZA

«Domani torno in collegio.»

Era tutta la matinata che Luigino stava a spirtusarsi il cervello: perché Giovanna lo taliàva con la faccia seria seria e non gli rivolgeva manco un sorriso? Aveva forse fatto qualcosa che l'aveva, macari senza volerlo, offisa? E perciò, un attimo prima che la madre di Giovanna la chiamasse per il mangiare, aveva osato spiarle:

«Che hai?».

E la risposta era stata quella: da domani non ci vedremo più.

A tavola Luigino non ce la fa a mangiare, donna Caterina glielo comanda severa, ma lui resiste, sa che se porta un boccone alla bocca gli toccherà di correre nel cammarino di commodo e dare di stomaco. Ottenuto il permesso, si alza e va a gettarsi sul letto. Non piange, ma ha un dolore in mezzo al petto, una specie di pugno che lo stringe forte. Passa il doppopranzo arramazzandosi nel letto, poi viene nuovamente la tortura della mangiata serale. Manco stavolta riesce a farcela.

«Ma si può sapìri che hai?»

«Nenti.»

«Ti senti poco bene?»

«No.»

Donna Caterina non continua con le domande, talìa a lungo il figlio, forse intuisce qualche cosa. Luigino passa la nottata con gli occhi sgriddrati, l'indomani ha la faccia sbattuta come se avesse avuto qualche linea di febbre. Alle dieci c'è l'appuntamento in giardino per la cerimonia degli addii. Quando Luigino vede Giovanna scendere i gradini e andargli incontro nota che è pallida e quasi cangiata. I capelli biondi sono ammucciati da un'elegante cuffia, la carusa ha indossato la divisa da collegiale. A mezzo passo di distanza l'uno dall'altra si talìano e non riescono a parlare.

«Luigino, vai a pigliare il pacchetto che c'è nella camera da pranzo e dallo a Giovanna.»

È un ricordino che donna Caterina ha accattato il giorno avanti per la figlia dei padroni di casa. Avrebbe dovuto darglielo lei, ma ha cangiato idea, vuole che sia Luigino a consegnare quel dono. Luigino si precipita in casa, piglia il pacchetto, esce di corsa e proprio sull'ultimo gradino si punge un dito con un pezzo di fil di ferro che sporge dal mancorrente.

Giovanna è ferma dove l'ha lasciata. Gli altri si sono

intanto avvicinati al cancello perché la carrozza è arrivata. Luigino le porge il pacchetto, Giovanna lo piglia senza ringraziare, poi s'adduna che un dito di Luigino fa sangue. Allora si mette il pacchetto sottobraccio, allunga le mani, piglia tra le sue quella di Luigino, poggia le labbra sul dito ferito, succhia dolcemente e a lungo il sangue che potrebbe essersi infettato.

«Giovanna, andiamo.»

La carusa gli volta le spalle, si avvia verso la madre che l'aspetta allato alla carrozza. Donna Caterina e Giovanna si abbracciano forte, poi macari lei acchiana, s'assetta allato alla madre, il cocchiere, "'u gnuri", chiude lo sportello, monta, fa schioccare la frusta, il cavallo comincia a camminare.

Luigino riesce a seguire il percorso della carrozza con la vista sempre più annebbiata, gli occhi gli fanno pupi pupi, il dito ferito sul quale si sono posate le labbra di Giovanna gli abbruscia come se l'avesse messo sul foco.

Donna Caterina si volta per rientrare in casa, ma deve invece correre verso il figlio che lentamente, chiano chiano, sta piegandosi sulle ginocchia.

LA MALATTIA MORTALE

Donna Caterina del mancamento del figlio non si preoccupa tanto, già il giorno avanti l'ha visto strammo, non aveva pititto né a pranzo né a cena, e attribuisce il malessere di Luigino alla sua emotività, al fatto della partenza di Giovanna. Ci inzerta in parte, perché la ragione dell'improvviso malo stare di Luigino è altra e assai più complessa.

Egli ha inteso il posarsi delle labbra di Giovanna sul suo dito, il suggergli il sangue dalla ferita come il bacio più ardito tra quelli che l'amore può suggerire. Atterrito, ha scoperto la vera natura della sua attrazione per Giovanna. E quella natura, coi sensi sconvolti, tenta ora disperatamente di cancellare con il mancamento, la febbre, la malattia. Passa il pomeriggio piangendo, il lenzuolo tirato fin sopra la testa, non vuole vedere nessuno, di mangiare manco a parlarne. Durante la notte la febbre è altissima, al primo chiarore del giorno Luigino non sa più nulla di sé e degli altri, ha completamente perso la memoria, dalla bocca gli esce non parola, ma una specie di gemito animalesco e continuo. Il primo medico, chiamato di corsa, arriva che quasi non si è fatto completamente giorno. Interroga donna Caterina che niente sa rispondergli, al massimo azzarda che il figlio può essere rimasto sconvolto dalla partenza di una bambina alla quale egli si era affezionato. Il medico scrolla le spalle, non può accettare quella spiegazione. Visita accuratamente il caruso, cuore, polmoni, fegato, reni, tutto a posto. E allora? Prescrive dei rimedi più che altro rivolti a fare calare la febbre, assicura che la mattina appresso tornerà con un collega. Per tutto il giorno e per tutta la notte la febbre rimane fissa a quarantadue gradi, non accenna minimamente a calare malgrado donna Caterina segua attentamente le prescrizioni.

In una bacinella d'acqua che tiene sulle ginocchia immerge ogni tanto una pezza di lino e la mette sulla fronte del figlio, spesso gli passa un fazzoletto bagnato sulla bocca per rinfrescare le labbra arse.

Macari il nuovo medico, dopo avere visitato Luigino,

allarga le braccia sconsolato, non è riuscito a capire la malattia. I due dottori si mettono a confabulare a parte, poi spiegano a donna Caterina che la situazione è grave, che continui per il sì e per il no con le cure già prescritte. Altro doppopranzo e altra nottata di disperazione della madre la quale, il terzo giorno manda a chiamare il più bravo specialista di Palermo.

Questi è più pessimista dei suoi colleghi, con gentilezza e pietà avverte donna Caterina che, a parer suo, il figlio è allo stremo, non c'è più niente da fare, questione di giorni, è stato impossibile diagnosticare la natura del male. Aggiunge altri medicinali a quelli già prescritti e se ne va testiando. Intanto Luigino *si dissugava crescendo solo negli occhi.* Ma donna Caterina, a questo punto, decise di non darsi per vinta. Scrive Gaspare Giudice:

"Con una energia derivatale certo dall'esser cresciuta in una famiglia d'uomini allo sbaraglio, mise nelle pillole che il malato inghiottiva, dell'estratto di carne. Luigino era distrutto, non riconosceva nessuno. Ma la madre lo trattenne pei capelli sull'orlo degli abissi, l'obbligò a vivere".

Luigino riprende a vivere, sì, ma di controvoglia. L'ultima a tornargli è la memoria di sé, della famiglia, delle cose che lo circondano, quasi voglia, più o meno coscientemente, ritardare la cognizione del suo vero essere dopo la rivelazione di quelle labbra sul suo sangue. In tutta la vicenda, così come egli la racconterà negli anni a venire, risulta singolarmente assente il padre: ma certamente don Stefano avrà partecipato all'ansia, allo sgomento di donna Caterina, solo che Luigino non ne ha voluto registrare la presenza.

La convalescenza è molto lunga e stentata, Luigino si è allungato, ma è striminzito, si regge male sulle gambe, trìnguli mìnguli come un capretto appena nato. Arrivano le vacanze scolastiche e Giovanna torna per un breve periodo alla villetta di Porta di Castro. La prima volta che s'imbatte in Luigino, il quale ha fatto di tutto per non incontrarla, e lo vede così smagrito, trasandato, i capelli da selvaggio, l'occhio ancora mezzo perso, il colpo è così forte che stavolta è lei a perdere i sensi.

Luigino si barrica nella sua càmmara, ha deciso di non uscirne fino a quando Giovanna non sarà tornata in collegio. Certe volte infila la testa sotto il cuscino o si tura le orecchie per non sentire i passi, la voce di Giovanna. La presenza della carusa gli si sta cangiando in una vera e propria ossessione, rischia nuovamente di cadere malato. Donna Caterina allora piglia una ferma decisione e la comunica al figlio: cercheranno una nuova casa, traslocheranno, Luigino non avrà più modo d'incontrare Giovanna. E così avviene, da lì a poco i Pirandello si trasferiranno in via Borgo.

Una parentesi. Il rifiuto d'incontrarsi con Giovanna, la bambina che ha amato, avrà una replica esatta molti anni dopo. In Germania, negli anni di Bonn, Luigi ha una relazione con una ragazza tedesca, Jenny Schulz-Lander. A lei dedica i versi di *Pasqua di Gea*:

Meine liebe, süsse Freundin,
Bevor ich Rom verlassen habe, begrüsste ich noch in meinem letzten Gesange die Venus des Frühling's...

La dedica è datata *Bonn am Rhein, 1890*. Nella raccolta, si leggono versi problematici come questi:

... diman ti giungerò,
Larva dei sogni miei,
lucifera fanciulla,
te che il mio tutto sei,
e pur, forse, sei nulla...

Problematici per quell'aggettivo, *lucifera*, che qui naturalmente sta per portatrice di luce, ma che comunque richiama almeno una somiglianza o affinità demoniale e per quel *tutto* e *nulla* che è come un mettere le mani avanti sul possibile mutare del sentimento.

Quarant'anni appresso Luigi Pirandello, già famoso, riceverà, durante un suo soggiorno a New York, un biglietto di Jenny. Anche lei si trova negli Stati Uniti, è diventata una scrittrice, vorrebbe rivedere sia pure per poco il suo antico amore (per la verità lei lo era, innamorata, lui assai di meno). Pirandello farà in modo che quell'incontro non avvenga. Perché vuol restare legato alla memoria e alle immagini di quel tempo – spiega al biografo Nardelli – e quindi l'impatto con la Jenny di oggi appannerebbe, altererebbe il ricordo. Del resto, nelle *Elegie renane* l'aveva già scritto:

Non dalla memoria però, sì tosto potranno
cancellarla altri affetti, altre vicende mai.

Ma è solo per rispetto all'integrità della memoria che Pirandello non vuole vedere Jenny? O le motivazioni sono le stesse di quelle che lo spinsero a non voler più vedere Giovanna sino al punto di costringere i suoi a cambiar casa?

LA FONDAZIONE

Nella casa di via Borgo, dirimpetto alla chiesa di Santa Lucia, Luigi si dedica intensamente allo studio, non quello scolastico. Ha detto il figlio dello scrittore, Stefano:

"Traduceva per suo conto tutta l'opera di un autore latino di cui in classe si studiava appena un libro... tra i tredici e i diciotto anni, condusse a termine il suo assunto che era quello di prendere diretta conoscenza coi testi della letteratura greca, latina e italiana".

È sempre il figlio Stefano a raccontare che Luigi, senza dire niente alla madre, al momento d'andare a letto toglieva il materasso e si distendeva sulle tavole di legno perché così gli sarebbe stato più difficile farsi pigliare dal sonno e avrebbe potuto continuare a lungo a leggere a lume di candela. Alcune di queste letture erano fatte di malavoglia, per dovere di conoscenza, ma le portava sempre fino in fondo.

Divora anche i poeti, quelli romantico-ottocenteschi, Carducci, Graf.

Il figlio Stefano ha visto bene quando scrive che Luigi voleva condurre a termine il suo assunto, che però non era quello della diretta conoscenza dei classici. Questi gli servivano come saldo fondamento per qualcosa di assai più ambizioso: voleva diventare poeta, "assumersi il personaggio del poeta", come dice Gaspare Giudice.

E si mette a scrivere versi. Ce ne restano molti di

quell'epoca in quaderni intitolati *Prime note* e *Nuovi versi*.

Già, ma perché "assumersi quel personaggio"? È solo una ipotesi, ma forse Luigi avrà interpretato la guarigione dalla malattia mortale come una nuova nascita, la venuta al mondo, questa volta per scelta, del figlio cambiato. Ora quello che è stato un suo intimo convincimento dovrà essere manifestato agli altri i quali dovranno prendere atto della sua alterità. Un poeta è quanto di più lontano, di più diverso da un commerciante di zolfi. Se non in perfetta coscienza, almeno in una parte del suo animo questo proposito avrà certamente albergato.

E puntigliosamente, orgogliosamente annota nei suoi quaderni che *Il sogno del piccolo peregrino* è stato letto in un circolo culturale di Palermo, che il sonetto *Fiori secchi* è stato pubblicato dal giornale "Sogni e fiori" e che la sua prima novella, intitolata *La capannetta* è stata pubblicata sulla "Gazzetta del Popolo" di Torino. Luigi ha appena diciassette anni.

Questi riconoscimenti, oltre che soddisfare il suo orgoglio personale, sono la pubblica certificazione dell'avvenuta fondazione del figlio cambiato.

L'OFFESA

Don Stefano nella casa palermitana di via Borgo s'arricampava quando poteva, sempre pigliato dal travaglio tra Porto Empedocle e le zolfare. Aveva detto a donna Caterina che raprisse le lettere che gli arrivavano, quasi tutte di natura commerciale: se c'era qualche cosa d'urgente o di molto importante, la mogliere l'avrebbe dovuto avvertire con un telegramma. Avviene così che un giorno donna Caterina legge una lettera privata indirizzata al marito. A scriverla è una cugina (o nipote) di don Stefano che di lui era stata fidanzata, si erano poi lasciati per una sciocchezza. Nella lettera, la donna racconta all'ex fidanzato la sua amara esistenza: si era sposata, era rimasta vedova e ora viveva poveramente a Palermo. Domandava un aiuto che potesse in parte alleviare la sua disagiata esistenza. Appena don Stefano torna a casa, donna Caterina gli mostra la lettera e incita il marito a dare all'ex fidanzata ogni aiuto possibile.

LIVIA *...arrivò un giorno una lettera.* (Si ferma)

GUGLIELMO *che lettera?*

LIVIA *una lettera: la leggiamo insieme (egli non aveva segreti per me); non riconobbe in prima la scrittura; io stessa gli feci notare: Non vedi? È di tua cugina.*

GUGLIELMO *quella Orgera?*

LIVIA *che era stata sua fidanzata: si erano lasciati per un puntiglio.*

GUGLIELMO *lo so. E quella lettera?*

LIVIA *Le era morto il marito. Non avendo altri parenti a cui rivolgersi, chiedeva a Leonardo un soccorso.*

GUGLIELMO *sfacciata!*

LIVIA *e io stessa, insistentemente, spinsi Leonardo a mandarglielo.*

Don Stefano, quasi di mala gana, obbedisce alla richiesta della moglie. Va a trovare la cugina sua ex fidanzata e le consegna una discreta somma, non certo un'elemosina. Nelle intenzioni di tutti e due la cosa dovrebbe finire lì. Invece...

ELENA ... *Ebbene, a tutti tranne che a lui avrei dovuto chiedere ajuto! Se l'ho chiesto a lui, signora, potete esser sicura che nulla più di vivo poteva esserci in me, da farmi provare poi un piacere in ciò che, dall'incontro con lui dopo tanti anni, purtroppo è seguito. Come, io stessa non lo so. Forse perché ciò che fummo, rimane sepolto in noi. In un momento, dagli occhi che s'incontrano, può essere rievocato. Illusione di un momento... Tutto finito, quasi prima di cominciare. Se non si fosse dato il caso... la sciagura più grande... quella bambina...*

Già, perché dalla relazione nasce una bambina. Le battute in corsivo sono tratte dalla commedia *La ragione degli altri*, la prima di quelle riconosciute e che ebbe una lunga gestazione, in origine una novella pubblicata col titolo *Il nido*, poi la commedia vera e propria ritoccata per vent'anni e chiamata di volta in volta *Il nibbio*, *Se non così...*, *Se non così* e infine *La ragione degli altri*. Il punto di partenza segue passo passo la sostanza della vicenda familiare. Quando Pirandello fa stampare e poi, con alterne vicende, rappresentare la commedia, don Stefano, che nella vita reale è stato il protagonista del fatto increscioso, è ancora vivo, può benissimo riconoscersi nel personaggio di Leonardo.

Usando una triste vicenda familiare con tanta spietata impudicizia, Pirandello dimostra al padre, ma non solo a lui, la sua non appartenenza, anzi, il rifiuto dell'appartenenza.

Nella realtà, donna Caterina, venuta presto a conoscenza della relazione, soffre in silenzio. Ricordate Pitrè? "La donna siciliana ubbidisce e ama il marito anche quando egli non lo meriti." Malgrado il dignitoso silenzio di donna Caterina, tutti i parenti vengono a sapere la cosa e, per la maggior parte, si schierano a favore della signora.

La relazione non solo offende il quattordicenne Luigi, ma per lui rappresenta la controprova, semmai ce ne fosse stato bisogno, della sua diversità dal padre, uomo capace anche di "tradire". Quello che farà per punirlo del tradimento lo racconterà in una novella, intitolata *Ritorno*, stampata nel 1923. Essa segue fedelmente i fatti accaduti, che del resto Pirandello confermerà appieno al suo biografo Nardelli. Solo che nel racconto non c'è la stessa oggettiva spietatezza nei riguardi della figura paterna che viene in luce nella commedia *La ragione degli altri*; qui, diremmo montalianamente, traluce "un filo di pietà", una accentuata comprensione dei motivi umani, che non è dovuta solo alla maturazione, alla saggezza della vecchiaia, ma anche, come vedremo, a motivi assai più profondi e che attengono, sempre, all'antico essersi creduto un figlio cambiato.

LO SCONTRO

Nessuno dei parenti o degli amici e meno che mai donna Caterina contano a Luigi quello che sta capitando, ma Luigi appizza le orecchie e dagli occhi sempre arrussicati della madre, dalle mezze parole afferrate a volo tra zii e cugini, non ci mette tanto, sperto com'è, a capire che suo padre si è inganzato con la ex zita. Si mette a seguire don Stefano quando esce di casa la matina, tra l'altro ora il padre si trattiene più a lungo del solito a Palermo. Perché lo fa? Che vuole sapere più di quello che già sanno tutti? Certo che vuole compiere un gesto che in qualche modo faccia da contrappeso all'affronto recato alla madre, ma ora sta cercando l'occasione di uno scontro diretto col padre, approfittando di una sua situazione di debolezza, per dirgli, per fargli tangibilmente vedere la sua diversità.

E così scopre che ogni domenica a matina il padre e la sua amante *si davano convegno nel parlatorietto riservato alla madre badessa del monastero di San Vincenzo, ch'era una loro zia. Fingevano d'andarle a far visita; e la vecchia badessa, che forse scusava con la parentela tra i due la tenera intimità di quei convegni...*

Tutto corrisponde alla realtà: il convento era quello dell'Origlione e madre Francesca, la badessa, era una zia di don Stefano, una donna alta e bella che certamente non apparteneva, come osserva Gaspare Giudice, alla specie delle monache di Monza. In quelle visite domenicali molto probabilmente non ci vedeva niente di male, eppure doveva parere più che evidente che i due se la intendevano. E certamente dovevano poi incontrarsi in un luogo più segreto del parlatorio dove tra l'altro la badessa stava sempre a parlare con loro da darrè una grata o si allontanava solo per qualche minuto.

Una mattina Luigi trasi, non visto, nel convento e ha modo di taliàre il comportamento dei due amanti.

S'imbeccavano, un boccone tu, un boccone io, le innocenti confezioni della badia, e dai bicchierini il pallido rosolio con l'essenza di cannella, un sorso tu, un sorso io. E ri-

devano. E anche la vecchia zia badessa... dietro la doppia grata, si buttava via dalle risa.

È un attimo: quelle risate Luigi le riceve come coltellate. E trasi come una furia nel parlatorio. Però don Stefano fa in tempo ad ammucciarsi darrè una tenda che è troppo corta e lascia scoperte le scarpe. La badessa, atterrita, inserra lo sportello della grata; solo ora, alla vista di quel picciotto con gli occhi da pazzo che lei conosce benissimo, che sa essere il figlio dell'omo che si è ammucciato, solo ora, probabilmente, si rende conto del suo grave errore, di avere prestato appoggio e ricetto a un amore adulterino. Alla sua entrata la fìmmina invece non si catamina, forse è paralizzata dallo scanto, fatto sta che se ne rimane assittata a taliàrlo, imparpagliata, col bicchierino di rosolio in mano.

Luigi si ferma davanti a lei, si tira tanticchia narrè col busto, poi scatta in avanti e le sputa in faccia con forza. Quindi si volta di scatto a taliàre la tenda, s'aspetta una violenta reazione del padre, invece le scarpe rimangono immobili. Prima di andarsene, Luigi si volta verso la donna, *ancora lo sputo le pendeva dalla guancia: un sorriso incerto, di quasi allegra sorpresa, che le luceva sui denti tra le labbra rosse; e tanta pena, invece, tanta pena negli occhi.*

Molti anni dopo il fatto, scriverà nel racconto, sul filo della memoria: *gli appariva d'improvviso, bella, la faccia di quell'altra, col ricordo indelebile di com'ella lo aveva guardato...*

Non è solo la distanza temporale ad addolcire il ricordo, il fatto è che sulla figura paterna Luigi ha operato nel tempo una revisione sofferta, dolorosa.

Dal quel giorno, come scrive Nardelli, i due non ebbero più che sporadici, fuggevoli rapporti. "Tra padre e figlio discese un silenzio ostinato e lontano."

Comunque, rientrato a casa, don Stefano non fece parola col figlio dell'episodio capitato nella matinata. Certi biografi contano invece che don Stefano sfogò la raggia sulla moglie colpendola a sangue, e se così è stato, lo scontro tra padre e figlio avviene maschilisticamente, per interposta donna, tanto è vero che sono le due che ci rimettono, una sputata, l'altra vastoniata. Ma io penso che don Stefano non ne abbia manco accennato alla mogliere, parlando aveva tutto da rimetterci, avrebbe rinfocolato la questione. Nessuno, a conti fatti, aveva interesse a far conoscere la storia capitata in parlatorio, soprattutto la madre badessa.

LA FOLLIA AL PUNTO GIUSTO

Forse a causa della tensione che c'è in famiglia e che spesso sfocia in azzuffatine, Lina, la sorella maggiore di Luigi che si trova nel delicato periodo della pubertà, comincia a non starci più con la testa. Rapidamente s'attuffa nell'oscurità (o nella luce) della follia (dalla quale guarirà completamente in seguito). Non vede più attorno a lei esseri umani, ma animali. Il padre si trasforma in lupo.

Qualcosa di questa follia particolare Pirandello la trasferirà nel personaggio di Dianella Salvo nei *Vecchi e i giovani* (a parte che, nelle didascalie introduttive alla commedia *L'uomo, la bestia e la virtù*, vorrà che gli attori indossino maschere animalesche).

Luigi, che è molto legato alla sorella, si preoccupa in

quei giorni di starle il più vicino possibile, tentando disperatamente di saldare in lei i fili dei circuiti interrotti.

Lo strazio di donna Caterina è indicibile, lei, che ha saputo reagire alla malattia mortale di Luigi, di fronte alla follia di Lina si sente impotente, macari perché il tradimento del marito le ha portato via quella forza di volontà alla quale ha potuto in altre occasioni fare ricorso.

Ma la malattia della figlia colpisce in modo particolare don Stefano. Egli si fa di giorno in giorno sempre più persuaso che la responsabilità è tutta sua, è a causa del suo peccato, della relazione con l'ex fidanzata che Lina è stata colpita, superstiziosamente si fa sempre più convinto che si tratta di un castigo divino, macari se trasversale.

Che fare perché la figlia possa sanare? Un giorno trova la soluzione: va a parlare con l'amante, la convince della necessità d'interrompere il legame, se lei acconsente, le promette di sistemarla per il resto della vita e con lei pure la creatura che sta per nascere. La donna non può che dire di sì, non ha altra scelta, ormai ha capito che o prima o dopo il suo amante l'abbandonerà.

Don Stefano comincia a taliàrsi attorno, soprattutto tra i piccoli impiegati delle zolfare, ne trova uno, scapolo, e con lui s'appatta dietro un grosso compenso. Quell'impiegato diventerà il marito dell'ex amante e il padre ufficiale della bambina.

L'altra cosa che don Stefano fa è quella di allontanarsi da Palermo con la famiglia trasferendosi a Porto Empedocle. Non tutta, perché Luigi resta a Palermo per continuare lo studio, macari se farà frequenti viaggi per andare a trovare la madre e soprattutto la sorella malata, la cui malattia è arrivata al momento giusto per riportare una parvenza di pace nella famiglia Pirandello.

Questo è il primo, straziante contatto di Luigi con la pazzia. Altri casi però in precedenza ne aveva di sicuro sfiorati, macari se non nell'ambito familiare. La provincia di Girgenti, tra la seconda metà dell'Ottocento e i primi trent'anni del Novecento conterà, in percentuale, il più alto numero di malati mentali di tutt'Italia.

"Il parossistico amore di sé", ha spiegato Sciascia e qui lo ripetiamo, "nella sua ipertrofia" spinge i girgentani ai confini della follia. Ma, viste le classifiche, all'epoca i girgentani quei confini assai facilmente li valicavano.

SECONDO

L'AMICIZIA SICILIANA

Finalmente il figlio cambiato ce l'ha fatta a mettere distanza, macari chilometrica, tra sé e la famiglia dove erroneamente è nato. Frequenta il terzo liceo e va a vivere in una stanza d'affitto con il suo amico Carmelo Faraci. Faraci, picciotto intelligente e acuto osservatore, intuisce l'eccezionalità del suo compagno di càmmara e per risparmiarlo da camurrìe e perdite di tempo, si occupa lui delle faccende pratiche della convivenza, dalla spesa giornaliera alla cucina. Arriva a riconzargli il letto ogni matina. A Luigi Carmelo è devoto, ma Luigi lo è altrettanto a Carmelo, capisce che l'amico quello che fa non lo fa per servilismo o per altre ragioni, ma che si sobbarca a quei compiti sgradevoli per puro senso d'amicizia, perché Luigi possa badare solamente allo studio e allo scrivere poesie e novelle. "Arraspa a lu to' amicu unni ci mancia", gratta il tuo amico dove gli prude, questo è il compito dell'amicizia e Carmelo l'assolve in pieno. Dopo un poco di vita in comune, in presenza di terzi, Luigi e Carmelo non hanno più necessità d'adoperare parole, s'intendono con una rapida taliàta.

Assai più tardi, Pirandello si farà molti amici nell'ambiente intellettuale romano. Ma amico veramente, quello al quale si possono confessare macari i più ammucciati pensieri, sarà Nino Martoglio. Il volume che raccoglie le loro lettere è un manuale completo dell'amicizia siciliana.

Di ciò che si usa altrove genericamente chiamare amicizia e spesso amicizia non è, Pirandello ha fornito un esauriente quadro in negativo nella divertente novella intitolata *Amicissimi*. Una volta mi capitò di lavorare in teatro con un vecchio attore siciliano, bravissimo, che si chiamava Turi Pandolfini e che era stato a lungo nelle compagnie dirette da Martoglio quando questi metteva in scena le commedie scritte o adattate in dialetto dell'amico Pirandello.

«Ma quando Pirandello e Martoglio stavano assieme alle prove, si parlavano?» gli spiai un giorno.

«E come no?! In continuazione si parlavano!»

«E che si dicevano?»

«Ah, questo non lo so. Si taliàvano.»

Si guardavano, si parlavano con gli occhi. E dunque il discorso tra loro due era continuo, ininterrotto e non comprensibile agli altri. Esiste, al proposito, un tradizionale "mimo" il quale conta che due siciliani, arrestati in terra straniera, vengono incarzarati in celle separate perché non possano tra di loro comunicare e quindi appattarsi su un piano di difesa comune. Portati il giorno appresso davanti al re per essere giudicati, i due trovarono il modo di scangiarsi una rapida taliàta. Che venne però intercettata dal primo ministro, macari lui siciliano, il quale gridò:

«È tutto inutile, Maestà, parlarono!».

È quando la distanza dall'amico non consente pause traboccanti di parole e taliatine piene di frasi complesse, che il siciliano, costretto all'uso della carta e della penna, pare volere annullare la distanza facendo ricorso all'eccesso, alla ridondanza, alla quasi impudica esposizione dei sentimenti.

Costante dell'amicizia siciliana è il dovere che l'uno ha d'intuire come l'altro si comporterà in una certa circostanza, senza che ci sia stato preventivo accordo: testa e cuore dell'uno devono agire in perfetta sintonia con testa e cuore dell'altro, la sincronizzazione deve essere assoluta, il minimo scarto, anticipo o ritardo che sia, può generare un'incrinatura destinata col tempo a diventare sbalanco, crepaccio.

E poi: la reciproca donazione non può conoscere riserve o zone d'ombra o cassetti segreti; quando esistono, limitano l'ampiezza del donarsi, e contemporaneamente denunziano l'equivoco che c'è alla base di quel rapporto erroneamente qualificato come d'amicizia.

Insomma, l'amicizia siciliana è un'arte difficile e forse bisognerebbe chiamarla con un nome diverso, fratrìa, fratellanza, consanguineità d'elezione. Fra due amici siciliani si crea come un cerchio magico che esclude gli altri, i fatti del mondo e macari della Storia.

A riprova, c'è una lettera di Pirandello a Martoglio datata 21 marzo 1919. Sono i giorni nei quali Martoglio si batte per la creazione di un "teatro mediterraneo", tendente alla rivalutazione della cultura meridionale negli anni in cui il dominio giolittiano, il suffragio universale, le conquiste sociali paradossalmente (anzi, per niente paradossalmente) non fanno altro che accentuare la sperequazione economica tra Nord e Sud. Il progetto, solo in parte realizzato, di Martoglio, ben presto si sfascia contro la realtà dei fogli paga e degli impegni economici. Martoglio non si è sentito del tutto appoggiato dall'amico. E questi gli scrive per *togliere ogni nube tra noi che – seguitando ad addensarsi in segreto – potrebbe alla fine aduggiare la nostra bella amicizia fraterna*. E conclude il messaggio con un *bacio fraterno*. Ma l'irreparabile è già avvenuto. Il codice di comportamento non è stato rispettato, la memoria ha incamerato l'anomalia: le spiegazioni, le giustificazioni reciproche non fanno altro che sottolineare, aumentare l'avvenuta frattura. La violazione del codice è l'inizio di una degenerazione che l'organismo dell'amicizia siciliana non è in grado di contrastare producendo i necessari anticorpi. C'è, sempre nella stessa lettera, una frase esemplare: *Mi rimane impressa, incancellabilmente, una parola che hai detta... Questa parola, caro Nino, non me la dovevi dire*. Incancellabilmente. Una parola. Ma basta, quella sola parola, a produrre l'affievolimento, la caduta di tensione, la disillusione, ma soprattutto il sotterraneo rancore di chi si sente tradito. L'altro non ha "capito". E invece avrebbe dovuto, altrimenti che senso ha l'essersi interamente dato, che valore ha la complicità dei silenzi e delle taliàte?

Quell'ultimo anno di liceo, malgrado le attenzioni del devoto compagno di studi Carmelo Faraci, Luigi non si dimostra un attento studente. Non frequentava le lezioni, pareva non tenere in nessun conto l'insegnamento scolastico tanto che il consiglio dei professori discusse a lungo se ammetterlo agli esami.

Il fatto è che in Luigi era riscoppiato, violento, l'amore per la cugina Lina. Su questa tormentata storia d'amore,

Pirandello scriverà una novella intitolata *Tra due ombre*.

Terminato il liceo, Carmelo Faraci è costretto a tornare nella natìa Sant'Agata Militello per un lutto familiare. Luigi allora si trasferisce in via Bontà, ospite a pagamento di una prozia che versa in cattive condizioni economiche e che gli prepara macari il mangiare. Luigi ora ha molto tempo libero e può quindi assai più assiduamente di prima frequentare la casa della cugina Lina.

LINA

Della bella cugina, che aveva quattro anni più di lui, Luigi era stato pigliato già dalla volta che l'aveva conosciuta, appena tredicìno. Tanto pigliato che per quella picciotta aveva scritto una poesia che finiva così:

Ridi, Linuccia, e accetta la ghirlanda
che il sorriso d'un'anima ti manda.

Ora Luigi di anni ne ha diciotto, Lina ventidue, è una fìmmina fatta. E lui ci si perde.

Non solo è bella, la picciotta, non solo ha tanti òmini che le fanno la corte, ma è macari di una civetteria unica. A malgrado che gli venga cugina, Luigi, per poterne frequentare liberamente la casa e vederla tutti i giorni, si fa amico di un fratello di lei.

Il suo amore silenzioso, la sua muta dedizione per Lina che di lui manco si cura, diventano motivo di spasso, di divertimento per i familiari e gli amici della picciotta.

I quali erano tanti perché a loro volta amici dei fratelli maggiori di Lina e consideravano quasi un picciliddro, un caruso, quel diciottenne timido, loro che già da tempo si guadagnavano il pane come uomini di mare o con travagli seri, e non perdendo tempo a leggere libri. Luigi, a petto di loro, non ha nessuna speranza.

Finché all'improvviso, chi sa perché, forse per qualche dispetto o per qualche disinganno inatteso o per prendersi una subita rivincita su qualcuno, ella gli s'era accostata amorosa, gli s'era promessa...

Il bello di tutta la faccenda è che la promessa di Lina non è una babbiata, da quel momento si considera la zita segreta di Luigi e non si fa corteggiare più da nessuno.

Solo ora Luigi capisce l'importanza del patto fatto con la cugina e diventa ancora più scantato, sa di non avere arte né parte, cosa può offrire alla famiglia di Lina perché si faccia il fidanzamento ufficiale? Intanto la passione di Luigi cresce, provocata macari dagli atteggiamenti della picciotta, almeno a stare alla novella, dove Lina diventa Lillì, pure lei ventiduenne.

Lillì... bella come quando di nascosto, da lontano, per tentarlo, tenendo socchiuso l'uscio della sua cameretta si scopriva il seno tra il candor delle trine e con la mano faceva appena appena l'atto d'offrirglielo e subito con la stessa mano se lo nascondeva.

Le cose intanto si complicarono. Perché Lina, senza dare spiegazione alcuna, rifiutò un partito importante, un picciotto ricco, d'animo buono e sul quale non si poteva dire una mala parola, uno sparlo. Peggio i suoi ci restarono quando Lina rifiutò un altro il quale tentò d'ammazzarsi per la risposta negativa e la picciotta non fece né ai né bai.

Poi ci fu la storia del vedovo: era ricchissimo, con quel

matrimonio tutta la famiglia che certo non aveva di che scialare si sarebbe assistimata una volta per sempre. E Lina ferma sul suo no, non c'era verso di persuaderla. A questo punto i genitori della ragazza, avendo capito quale era la ragione di quei rifiuti, proibirono a Luigino di frequentare la loro casa. Questi quindi dovette farsi avanti, spiegare al padre di Lina come stavano le cose, dirgli del patto segreto. Altrettanto difficile fu convincere l'altro padre, il suo, don Stefano.

Per più di un mese aveva dovuto combattere per strappare il consenso al padre, il quale saggiamente gli aveva fatto osservare ch'era troppo intempestivo per lui un impegno di quel genere; che la cugina aveva quattr'anni più di lui, e che egli, ancora studente, avrebbe dovuto aspettare per lo meno altri sei anni per farla sua. Ostinato, dopo molte promesse e giuramenti, era riuscito a spuntarla.

Ma come la spunta? I genitori di Lina acconsentono allo zitaggio ufficiale, ma a una condizione e cioè che Luigino abbandoni lo studio e si associ a don Stefano nel commercio dello zolfo. È una condizione così pesante che i familiari di Lina si aspettano certamente un no risolutorio, sanno dell'amore di Luigi per la letteratura, sanno dei rapporti difficili col padre. E proprio per questo l'avranno formulata. Ma invece Luigi accetta, rinuncerebbe alla qualsiasi pur di stare con la sua Lina. E così Luigi diventa il fidanzato ufficiale: una parte praticamente di sorvegliato speciale, costretto com'è, quando esce con la zita, a muoversi sempre sotto scorta di qualche familiare.

Se non che, subito dopo, nel vedersi presentare a tutti, così ancor quasi ragazzo, senza uno stato, come promesso sposo di Lillì, s'era sentito ridicolo agli occhi di tutti e spe-

cialmente di quegli altri giovanotti che, corrisposti, avevano per qualche tempo amoreggiato con la sua fidanzata.

LO ZOLFO

Per mantenere l'impegno con la famiglia della zita, Luigi, nell'estate del 1886, parte per Porto Empedocle per mettersi a travagliare con il padre. È l'anno nel quale dal porticciolo vennero imbarcate quasi trecento tonnellate di zolfo proveniente dalle 271 miniere funzionanti nel retroterra. Quello dello zolfo, la sua estrazione, la sua lavorazione, il suo stesso commercio era un travaglio autenticamente bestiale. Dopo tre mesi di durissima fatica, Luigi arriva a pensare che quell'ambiente sulfureo, diabolico, non possa che generare pensieri malsani. E di quella sua esperiénza a lungo scriverà in novelle e romanzi. Non adopero nessuna citazione, preferisco riportare un passo tratto da uno scritto su Porto Empedocle di Alfonso Marullo, a lungo sindaco del paese e quasi coetaneo di Pirandello: proprio per dare una lontana idea dell'inferno nel quale Luigi per amore volle calarsi, rinunziando alla duramente conquistata identità di figlio cambiato.

"Su breve spazio è un formicaio di uomini, di carri, di pontoni. Ogni carro riscontra la sua partita di uomini, ogni uomo la sua barca, ogni barca la nave, a cui lo zolfo è destinato. È un groviglio impenetrabile, di cui vi sfugge la possibilità di spiegare il segreto: sono barche le une addossate alle altre, tra le quali gli uomini brulicano in un'ondulazione senza posa; carri che arrivano e che partono, un vociare incomposto col quale ognuno pare che si provi a prevalere sul rumore del vento e del mare: è la febbre, è la vertigine! Chi disciplina il lavoro di quel luogo? Chi tutela in quel centro di ardente attività, che solo Dio può penetrare, interessi tanto diversi che colà si contrastano? La tutela colà è una lustra… Ma se il traffico che si pratica in Porto Empedocle, nel carico e nella discarica, è tutto da rifare per rimetterlo più consono alla dignità del lavoro, quello, che vi compiono gli uomini di mare, non so non dirlo con altro che un affronto al sentimento di solidarietà umana. Sono vecchi, giovani, anche ragazzi, curvi sotto il gravame che portano sulle spalle. Il primo ad aprire la solfa è ordinariamente il più volenteroso; egli s'appressa agli alzatori da cui riceve il carico: su la prima coffa, su la seconda, su la terza… una scrollatina di spalle per assumere le condizioni statiche della soma e… via di corsa, con un passo cadenzato ed uguale, come a seguire il ritmo di una musica, già fissata nell'orecchio da lunga abitudine. Al primo segue un secondo, al secondo un terzo, e così dieci, venti, centinaia, distribuiti su tutta la linea di caricazione, e per tutto il giorno, come spole, dalla stadera o dal carro alla barca e viceversa, senza un lamento mai, rincuorandosi, spingendosi, celiando magari."

Luigi sta alla stadera attento a pesare lo zolfo che viene messo nelle coffe e a tenerne il conto. Non può distrarsi un attimo, sempre in piedi allato alla stadera sotto un sole accaniato, in un tirribìlio di vociate, santioni, gastime. Quando la sera torna a casa non ha manco gana di cangiarsi di vestito o di lavarsi, giallo di sùlfaro com'è prima deve stinnicchiarsi tanticchia su una poltrona, ripigliare fiato, scaricarsi di un minimo di tensione e di stanchezza.

Don Stefano, sul porto, quando lo può, osserva come si comporta Luigi e si fa sempre più persuaso che non è cosa, suo figlio non è tagliato per quel lavoro, per quella vita di dannati. E Luigi, da parte sua, non sa se deve piangere o gioire per quella sconfitta che, se da un lato è l'evidente conferma del suo essere un figlio cambiato, dall'altro può significare il definitivo allontanamento da Lina.

Sono tre mesi decisivi per l'avvenire di Luigi. Ha scritto Sciascia: "Senza l'avventura della zolfara non ci sarebbe stata l'avventura dello scrivere, del raccontare".

E Gaspare Giudice: "Qui a Porto Empedocle, a diciannove anni, Pirandello misura in profondità la propria estraneità alle iniziative pratiche del mondo, alla qualità concreta delle cose".

La situazione nella quale si è messo Luigi non lascia vedere una facile via d'uscita. A trovarla sarà proprio don Stefano che certamente avrà raggiunto un accordo col padre di Lina. Luigi si iscriverà all'università e una volta pigliata la laurea potrà maritarsi, con il suo denaro don Stefano, che nel frattempo è tornato all'agiatezza, garantirà la buona riuscita di tutta la faccenda. I familiari di Lina accettano e così Luigi non avrà più materialmente a che fare con lo zolfo e potrà risentire l'amato sciàuro della carta dei suoi libri lasciati a Palermo.

Il padre gli ha detto d'iscriversi a Legge, e Luigi puntualmente obbedisce iscrivendosi però macari a Lettere.

Ma, quasi subito al ritorno, principia la crisi con Lina.

La passione, così cocente quand'era nascosta, contrariata e derisa, aveva perduto a un tratto tutto il suo fervore...

Non si tratta però solo del calo di passione. Se questo calo c'è, esso è tutto da parte di Luigi, perché Lina, calda e sensuale com'è, s'attacca sempre di più a lui. Il fatto è che Luigi principia a farsi capace che quel legame tutto basato sull'ardore dei sensi è una remora assai forte per i propositi che comincia ad avere chiari: diventare uno scrittore, perché quella, la scrittura, è la vera finalità del figlio cambiato. Lentamente Lina, agli occhi di Luigi cambia aspetto, si trasforma in una quasi nemica, in una maga che fa magarìe per tenerlo legato.

Alcina, fata crudele e diversa,
da lungi non sorridermi così...

Bisogna che egli si allontani da Alcina, che a tutti i costi scappi, evada dal cerchio magico dentro il quale lei lo tiene prigioniero. Comincia a tirare fora una scusa appresso all'altra, che la vicinanza della zita gli leva la serenità necessaria a studiare, che lontano da Palermo avrebbe potuto laurearsi prima e accelerare il matrimonio...

Al minimo accenno alla possibilità di un matrimonio anticipato, il padre e la madre di Lina (che Luigi definisce senza mezzi termini *una vecchia malefica e rissosa*) si dichiarano d'accordo che il futuro genero si laurei macari a Roma, purché sia il prima possibile. Certamente la meno entusiasta di tutti sarà stata Lina la quale sente in quell'allontanamento, che tutti le dicono momentaneo, l'abbandono definitivo da parte di Luigi. Nulla si sa delle sue reazioni, del suo comportamento in quei giorni, ma dei comportamenti e delle reazioni delle donne lasciate da Luigi si saprà sempre assai poco. Si sapranno invece, perché ampiamente ne scriverà all'amata sorella, i dubbi, le incertezze di Luigi, indeciso tra la mala parte da fare a Lina e il suo sentirsi chiamato a un compito più alto e diverso.

Poi la decisione è presa. Nel novembre del 1887 Luigi s'imbarca sul postale che da Palermo lo porterà a Napoli da dove proseguirà per Roma, città nella quale potrà tenergli sulla testa una mano protettiva il fratello di donna Caterina, Rocco Ricci Gramitto. Ha vent'anni.

Il cosiddetto fidanzamento con Lina si protrae stancamente ancora per qualche anno. Il 15 agosto 1891 Luigi scrive una lunghissima lettera al padre, nella quale fa una specie di riassunto del suo periodo di fidanzamento e spiega le ragioni della fine di esso. La crisi è principiata a fine estate del 1887:

Oh i primi giorni d'autunno del mille ottocento ottantasette! Oh il lungo e lento passar di nubi per quel cielo di settembre sull'ampio mare, dinanzi alla nostra casa!

E prosegue, in tono sempre più falsamente lirico:

I giorni e le nubi io gli ho cantati; ma né con queste né con quelli le mie miserie sono andate via. Neanco a farlo a posta! A punto in quei giorni, l'Arte mi sorrideva di più, con la passione nel riso, e l'anima come atterrita dalla bionda crudezza di quel zolfo di cui Tu la mattina m'insegnavi il nome e la qualità, si rifuggiava in lei e nel sorriso di lei viveva.

Nel sorriso dell'Arte con la "A" maiuscola, non in quello di Lina per la quale, in quei giorni, aveva l'anima atterrita dalla bionda crudezza dello zolfo.

E Lina?

La disgrazia di Lina può ben anche risiedere nell'essersi ella incontrata in un uomo che appartiene a una ristretta categoria di disgraziati, per cui il tempo volge fatale, e che la vita moderna va escludendo ogni dì dal suo seno.

Iscrivendosi alla categoria degli artisti stravaganti, anarchici, reietti, a quella dei poeti maledetti, Luigi dichiarerà nella stessa lettera:

Io non debbo, io non posso sposare.

E dunque colui che si è imbarcato sulla nave per la traversata che lo porterà "in continente" sapeva già che mai più sarebbe tornato tra le braccia della picciotta che dalla banchina agitava il fazzoletto in segno di saluto.

ROMA

Roma gli appare immediatamente come una sorta di scioglimento dai lacci di zite, famiglie, regole di comportamento e via di questo passo. Compone su Roma versi che sembrano inni di gioia, grida di libertà, firrìa per le strade con passo lèggio e incantato. Ma c'è un ma e non è cosa da trascurare. È andato a vivere in casa dello zio Rocco, a via del Corso 456, il quale zio convive con una ex cantante, con parenti e amici di lei, e con uno zoo casalingo di cani, gatti, pappagalli e scimmie. Su tutto il bailamme di quell'incredibile cafarnao, sovrastava la voce acuta e costante di Nanna, la ex cantante. In fondo, una situazione che poi non avrebbe dovuto così tanto mettere in difficoltà colui che voleva considerarsi una specie di poeta maledetto o quasi. In realtà quello che strammava Luigi era la condizione psicologica dello zio.

A Girgenti, al ritorno della prigionia dopo Aspromonte, il futuro zio Rocco era stato accolto come un eroe e delle sue imprese, come la condanna a morte in contumacia, come la persecuzione da parte della polizia borbonica, come le gesta di aiutante di Garibaldi, ancora a Girgenti si parlava. Cosa era capitato? Rocco Ricci Gramitto ora era un ultracinquantino consigliere di prefettura che non aveva gana di fare più niente se non starsene tra i suoi pappagalli e le sue scimmiette, tanto da rifiutare la promozione a prefetto perché si scantava di dover essere trasferito da Roma e andare a finire lontano dalla tana. La sua indolenza, il suo passivo abbandonarsi allo scorrere del tempo, il suo fallimento insomma non solo mettevano malinconia a Luigi, lo facevano macari riflettere sui rischi e gli effetti della caduta delle illusioni, non solamente politiche. Dello zio, sotto il nome di Roberto Auriti, egli farà uno dei protagonisti del romanzo *I vecchi e i giovani*, un eroe schifato dalla corruzione, *dalla baraonda oscena dei tanti che vi s'abbaruffavano reclamando compensi, carpendo onori e favori...*

In altre parole e più chiare: lo zio era un quotidiano ammonimento per Luigi che si proponeva mete assai alte; più queste sono difficili da raggiungere, pareva ripetere ogni giorno lo zio a Luigi con la sua sola presenza, e più la sconfitta sarà non solamente umiliante, ma definitiva, senza possibilità di rivincita. E Luigi era poi tanto sicuro di raggiungere quello che voleva? Gli sarebbero bastate le forze? Insomma, taliàre ogni giorno la faccia dello zio Rocco era come affacciarsi sull'orlo di uno sdirrupo dove era facile precipitare. Dava angoscia.

Si trasferisce allora in una pensione di via delle Colonnette, proprio dietro il palazzo dove abita zio Rocco e tanto vicino che dal terrazzo di questi si può parlare a Luigi che se ne sta nella sua càmmara. E spesso Luigi viene chiamato da quel terrazzo, macari due volte al giorno, per andare a mangiare nella babilonia di casa Ricci Gramitto.

Dalla finestra della sua càmmara Luigi gode di una bella vista su Roma, la descriverà poi minutamente nel romanzo *Il fu Mattia Pascal.*

Qui continua a comporre le sue poesie, ma ora si esercita molto con la forma teatrale.

Già dal primo dramma che scrive, lo spazio scenico tradizionale gli sta stretto, a parte che i protagonisti sono gru, galli e galline (del resto simili personaggi non avevano spaventato Aristofane né spaventeranno Peter Brook), egli vuole che la platea si trasformi in palcoscenico e gli spettatori in attori. A questo primo dramma ne seguiranno altri andati tutti persi. Pirandello inizia a patire quella particolare via crucis che è riservata agli autori drammatici italiani: rifiuti, promesse, consensi da parte dei capocomici e dai primattori, ma rappresentazione mai. Ben presto si stufa, tanto più che a Palermo, nel 1889, viene stampato il suo primo volume di versi, *Mal giocondo.*

L'UNIVERSITÀ

Alla Sapienza, l'università romana, Luigi lascia perdere la facoltà di Legge e si iscrive solamente a Lettere. Se a Palermo aveva fatto ricorso alla doppia iscrizione, era stato in parte certamente perché don Stefano si era intestato così, mantenendo sempre la speranza che il figlio, negli anni appresso la laurea, avrebbe potuto ritrovarsi allato a lui, sia pure come consigliere legale, negli affari dello zolfo.

Ma che figlio cambiato è, se macari a distanza obbedisce agli ordini di quel padre non padre? E quindi, via Legge. Ma non è che a Lettere ci sia da scialare, l'unico professore col quale Luigi piglia ad avere buoni rapporti è quello di filologia romanza, Ernesto Monaci. Del resto quella materia gli piace molto. Professore di latino era il venerato Onorato Occioni, gran barba, rettore dell'università. Gabriele D'Annunzio, suo allievo, scrisse che Occioni esercitava un "magistero canoro" il che tradotto viene a significare che doveva essere di una retorica insopportabile. C'è di più: in una sua lettera ai familiari, Luigi giudica quelle lezioni *tutt'al più buone per gli studenti del liceo.*

E poi capita la sciarriatina fatale. Un giorno, mentre il professor Occioni traduceva una commedia di Plauto, gli venne di fare un errore pacchiano. Cose che possono capitare a tutti, ma, come si sa, gli allievi sono di una crudeltà estrema verso i professori, non gliene fanno passare una liscia. Bisogna dire che Occioni, quasi subito, si fece capace dell'errore e tentò di metterci rimedio. Ma era troppo tardi. Un giovane parrino, che era assittato al primo banco allato a Luigi, diede una gomitata al compagno per sottolineare l'errore di Occioni e fece una risatina che forse manco tentò di soffocare. Vista la scòncica, lo sfottimento, il professore parse nèsciri pazzo.

Sceso dalla cattedra, assugliò il giovane parrino come un cane arraggiato, badando bene però di non rivelare la ragione della sua sfuriata. Se qualcuno degli studenti non si era accorto dell'errore che aveva fatto, non c'era motivo che glielo dicesse lui stesso.

Fino a questo momento dello scontro tra il professore e il parrino, Luigi non è stato tirato in ballo, egli potrebbe benissimo chiamarsi sparte, non partecipare alla quasi rissa, del resto ha solamente ricevuto e ricambiato una gomitata, ma non si è messo a ridere per l'errore di Occioni. Senonché quella latata d'impulsività che certo appartiene a don Stefano e forse non al figlio cambiato lo fa saltare in piedi come uno di quei pupi con la molla che schizzano fora aprendo il coperchio di una scatola. Davanti ai compagni che l'ascoltano stupiti e a malgrado che Occioni tenti di non farlo parlare sovrastandolo con voce potente, Luigi racconta papale papale come sono andati i fatti, accusa il professore d'ipocrisia perché non ha voluto rivelare che tutto è stato originato da un suo errore di traduzione. E quindi, finito di parlare, se ne esce dall'aula. La raggia di Occioni cangia di bersaglio, ora si concentra tutta su Luigi. La conclusione fu che dopo la riunione del consiglio di facoltà e del consiglio di disciplina, il giovane Pirandello venne espulso dall'università.

Luigi si risolse a domandare consiglio al professor Monaci il quale, considerata l'inclinazione che il suo allievo aveva verso lo studio della filologia romanza, gli disse che l'unica era di andarsene a studiare a Bonn dove insegnavano professori che, nel campo specifico, erano i migliori.

Poter andare in Germania per Luigi rappresentava l'inevitabile sottoporsi a una doppia umiliazione, quella di dover contare al padre di essere stato espulso dall'università e quella di dovergli domandare un cospicuo aumento del mensile.

Quindi deve tornare in Sicilia dai suoi e avere il faccia a faccia con don Stefano.

L'incontro sarebbe stato comunque difficile. Sciascia ha scritto, a proposito del timore nutrito da Giuseppe Antonio Borgese che il padre "lo imbavagliasse", che "era del tutto normale, in una famiglia siciliana, e fino agli anni della nostra infanzia e giovinezza, una rigorosa assenza di confidenza col padre". E figurarsi perciò quale sarebbe stato il tono dei discorsi tra Luigi e don Stefano dopo che tra loro due era capitato quello che era capitato.

LE DUE MALATTIE

A lungo il professor Ernesto Monaci aspetterà dalla Sicilia notizie del suo ex allievo Pirandello, dovrà passare tutta l'estate e arrivare a metà settembre del 1889. Il fatto è che Luigi, appena rimesso piede in famiglia, cade malato: si è trattato, scriverà più tardi a Monaci, di una malattia che l'ha portato *al limitare della morte*: una seria forma di endocardite.

Probabilmente, la malattia è una conseguenza di quell'accumulo di tensioni che oggi chiamiamo stress.

Nel gennaio dello stesso anno la cugina Lina, ancora ufficialmente zita di Luigi, macari lei principia a patire di una malattia che le fa venire spesso delle crisi isteriche.

La picciotta oramai si è fatta persuasa che il suo Luigi non se la mariterà mai. Per farla sbariàre, i Pirandello se la fanno venire a casa, a Porto Empedocle, ma l'invito ottiene il risultato opposto, a vivere giorno appresso giorno nella stessa casa del suo fidanzato, a scoprire in ogni libro, in ogni più piccola cosa le tracce di Luigi, Lina sprofonda sempre di più nella sua depressione. Donna Caterina prega il figlio di venire in Sicilia per una settimana e incontrarsi con Lina. Luigi lo fa a malincuore, poi, assolto il suo dovere, se ne riscappa a Roma. Scriverà alla sorella:

L'ultima illusione che mi restava, è caduta: l'amore. No, no... io non amo più io non posso, non riesco, per quanto mi adatti a farmivi persuadere, non riesco ad amar più quella povera malata. Come una sorella, come prossimo, sì – come una fidanzata no, no, mai più... Ahimè di quali scene sono stato spettatore, ahimè che orribili parole ho io udite da lei (brucio in pensarle di vergogna e d'afflizione) ahimè che gesti, che arti ho veduti... Cuore mio straziato... La rete finissima delle illusioni che compongono l'amore, e che solo un alitar più forte del consueto talvolta riesce anche a smagliare, la bella e dolcissima rete è tutta strappata... Che più mi resta? Oh quanto meglio sarebbe stato, se ella mi fosse morta!

Questa lettera è tutta sotto il segno dell'ipocrisia. Che gli avrà detto di tanto orribile la *povera malata* da far bruciare di vergogna il pudico Luigi? Gli avrà certamente rinfacciato la lontananza, l'indifferenza, la mancanza alla parola data, il raggiro, soprattutto quello, al quale Luigi ha fatto ricorso per andarsene a Roma, pigliando la scusa di laurearsi in fretta per poi di subito maritarsi. Ma con gesuitica abilità le ragioni di Lina in questa lettera sono diventate i torti di Lina.

E che diamine, un po' di buon gusto! sembra esclamare Luigi dal fondo del suo *cuore straziato*.

Quando torna a Porto Empedocle nell'estate dello

stesso anno, Luigi ha già stabilito di mettere tra lui e Lina un numero di chilometri assai più alto di quanti non ne corrano tra Palermo e Roma. Appena guarito partirà per Bonn.

E la malattia gli sarà servita come alibi, durante il soggiorno empedoclino, per non pigliare di petto, con i suoi familiari, la faccenda dello zitaggio con Lina. La cugina è oramai agli occhi di tutti "compromessa" con Luigi, macari non amandola più, secondo la consuetudine egli avrebbe dovuto riparare maritandosela. Ma la tattica di Luigi, che finirà per dimostrarsi vincente, è quella di lasciar incancrenire la situazione fino al sopravvenire della necessaria amputazione.

La malattia, benevolmente, risparmia a Luigi un altro penoso dovere: quello di accompagnare don Stefano nel suo deposito di zolfo al porto. La vista di quell'infernale attività in modo troppo lancinante riporterebbe alla sua memoria che egli, proprio per amore di Lina che oggi ripudia, in quell'inferno ha voluto calarsi tradendo la sua duramente conquistata natura di figlio cambiato.

COMO

Qualche giorno prima di lasciare Porto Empedocle, Luigi scrive al professore Monaci che la sua tappa romana durerà al massimo tre giorni *premendomi di trovarmi a Bonn a tempo debito*. Ma patisce una ricaduta nella malattia e a Roma è obbligato a fermarsi per due settimane. Ripigliatosi, decide di non dirigersi subito verso la città tedesca, ma di fermarsi a Como, dove c'era un suo cognato.

Lo scopo di quella sosta era di rinforzare il suo tedesco e di aspettare la buona stagione data la sua salute alquanto malandata.

A Como, lo abbiamo già visto, Luigi era stato con la fantasia per studiarvi al ginnasio, ora c'è per davvero, e sempre per ragioni di studio. Ma Como sembra fatta apposta per accendergli l'immaginazione. Perché ci pare che il personaggio di una bruna ragazza che lo amò nel tempo di quel suo soggiorno abbia caratteristiche troppo letterarie per essere vero. Scrive in una poesia del 1901 nella quale parla di se stesso a Como e a Bonn:

Per le città, nostre o d'oltralpe, in ogni
luogo, ov'ho fatto alcun tempo dimora,
io vedo un altro me, com'ero allora,
il qual lieto s'aggira entro a quei sogni,
che suoi soltanto e non pur miei son ora.

Né verun d'essi sa, che più ne sia
di me. Qua vive o là, chiuso ciascuno
nel proprio tempo. Oltre non vede. E uno
si ferma, or ecco, a sera, in una via
di Como, e guarda in su, se un viso bruno...

Ahi, quella bruna – egli no 'l sa – maestra
ora è di vizii e di sé locandiera...
Ma come può saperlo, se ogni sera
davvero ancor s'affaccia alla finestra
ella, e d'amor gli parla ed è sincera?

Esistita nella vita reale o esistita solamente nella fantasia di Luigi, la bruna locandiera deve assolvere a una precisa funzione, che è quella di segnare il passaggio di un valico di confine. “Tradendo” Lina con la quale malgrado tutto è ancora zito, Luigi compie simbolicamente un gesto di rottura con le sue stesse convinzioni, con la sua stessa educazione. Ma il coraggio necessario a quel gesto gli basta appena appena per consumarlo con una prostituta.

BONN

L'altro, eccolo in Germania, a Bonn sul Reno,
sotto un cappello di castoro, enorme:
magro egro smunto: non mangia, non dorme;
studia sul serio (o così crede almeno)
del linguaggio le origini e le forme.

Si tratta sempre della poesia appena citata e l'altro sarebbe Luigi com'era. Ma questo *altro* è veramente un altro, il figlio cambiato al quale basta un niente per realizzarsi compiutamente, ma quel niente ha la forma della dipendenza economica dal padre, non si tratta di recidere un cordone ombelicale, ma una pesante catena di ferro che lo tiene legato come un cane alla cuccia.

Le prime impressioni per il picciotto catapultato dal sole di Porto Empedocle devono essere state veramente traumatizzanti.

Sale dal gonfio Reno la nebbia nell'umida notte,
qual di fantasme stuolo cercanti cieche il vuoto.

Le lunghe vie deserte, urgendosi a onde, pervade;
al tedio, quindi, pigra cedendo, posa.

Del sonno increscioso, che immobile al suolo la stende,
ora le buje case tacite in fila opprime,

fiochi veglianti fanali, i bigi alberi nudi,
cui par che un chiuso spasimo nuovo torca.

Ahi, come a una vita già spenta superstite voce,
nunzia del tempo ignara, lugubre l'ora scocca.

In fuga la luna tra l'onde dell'aer sconvolte
la morta terra, quasi sgomenta, spia.

A lei, dall'ombra grave, le cuspidi snelle in desio
tendono come braccia le solitarie chiese.

Vano desio! Perenne la nebbia, perenne qui regna.
Pena lunga, sperare; meglio acchetarsi a lei,

a lei l'anima aprire, distender la grigia sua notte
sui vani affetti, e il sonno ch'ella dorme, dormire.

Però si tratta pur sempre di una nebbia poetica, perché a Bonn Luigi godrà le giornate più serene della sua vita. Nei primi giorni ha molta difficoltà nel comunicare: il suo tedesco letterario non serve per la vita quotidiana, gli abitanti di Bonn parlano nella quasi totalità il dialetto renano, ma si tratta di gente *molto garbata* e un modo d'intendersi lo si trova comunque. Luigi, che dal padre è stato dotato di tanto denaro da permettergli una vita comoda (la "catena" era costituita da un mensile di trecento marchi), tutt'altro che da studente scapigliato, va ad abitare all'Hotel zum Münster. Sarà pur *magro, egro smunto* come afferma nella poesia, il fatto è che si nutriva abbondantemente pagando tra alloggio e vitto quasi quanto a

Roma: appena sveglio, caffelatte con pane e burro; alle nove e mezzo un panino gravido; a mezzogiorno minestra, carne, abbondante contorno, *un piatto d'intermezzo*, frutta, dolce e caffè; alle quattro, a scelta, una birra, un panino gravido o un caffè; alle sei per cena carne o pesce, insalata, formaggio, frutta.

Ogni tanto gli piglia la nostalgia di parlare in italiano. Allora va nella Cattedrale dove un mosaicista veneto, Giovanni Sambo, sta facendo dei restauri sopra un'impalcatura altissima.

Bizzarro invero questo dei nostri convegni ridotto,
Giovanni Sambo: la cupola d'un duomo.

Non sempre va a trovare Sambo solo per discorrere in italiano, spesso si porta appresso i libri da studiare.

Sto quasi tutto il giorno eccettuate le ore del desinare e delle lezioni (che mi piace ascoltare all'università) nella cupola della Cattedrale che è proprio di faccia al mio albergo... giornalmente con uno o due libri m'inerpico... su per l'impalcatura e studio ammirato dagli angeli e dai santi...

Un po' come tornare a essere picciliddro, quando s'arrampicava su un albero nel giardino della sua casa di Palermo e si metteva a leggere, aspettando che Giovanna comparisse al balcone.

Nell'albergo stringe amicizia con un giovane irlandese poliglotta, William Henry Madden, e con lui si trasferisce in casa di un certo Mohr, proprietario di un negozio che fa anche l'affittacamere per gli studenti al numero 1 di via Neuthor. Ma non si tratta di un affittacamere qualsiasi, la casa è stupendamente arredata, calda, accogliente. Per quarantun marchi mensili Luigi ha diritto a due stanze, prima colazione, servizio e combustibile a volontà per il lume. Luigi di quelle camere rimane affascinato. Dal belvedere dello studio, scrive alla sorella, *si gode un panorama addirittura incantevole: il Reno, i monti, la campagna, la città.*

In casa Mohr, Luigi si fa un altro amico. È un dottore in Lettere, Karl Arxt, ripudiato dal padre perché non ha voluto seguire gli studi in Teologia, scacciato macari lui dall'università, dove avrebbe dovuto insegnare, perché ritenuto un pericoloso rivoluzionario: manifesta infatti idee socialdemocratiche mentre Bonn è una città di borghesia conservatrice. Insomma: un altro figlio cambiato.

Tra i due nasce una perfetta intesa, tra l'altro Arxt insegna molto bene il tedesco a Luigi, tanto da permettergli di seguire agilmente i corsi universitari: viene ricambiato con lezioni d'italiano.

L'incontro col professore Foerster, dal quale va con una lettera di Monaci, è il più cordiale possibile, tanto che sarà spesso invitato a pranzo e a cena. Elegante e dignitoso com'è, si fa molti amici e amiche di buona borghesia, scrive alla sorella che due ragazze, Mary e Anna Rismann, spesso lo vanno a trovare in casa Mohr e gli buttano all'aria la camera, essendo *due diavolette tutte fuoco*, delle quali Lina non deve pensare male per queste libertà che si prendono: *È un'altra educazione, questa qui, e molto più umana.* E ancora, per sgombrare il terreno da ogni equivoco: *Parlerei io forse a te, sorella mia, di donne che non fossero oneste?*

Ma frequenta altre fanciulle forse tanticchia più disponibili, come una tale Else di Colonia. Così la ricorda nella poesia intitolata *Melbthal* e compresa nella raccolta *Fuori di chiave*:

Quella giubbetta a maglia
come le stava bene!
e, ornato di vermene,
quel gran cappel di paglia.

D'un subito s'accorse
che mi piaceva assai:
rise negli occhi gaj
ed il labbro si morse.

«Vengo su al bosco a un patto,»
poi disse, «e bada, tu!
che d'amore, lassù,
noi non si parli affatto.»

«Else!» esclamai. Ma lesta
sui labbri ella una mano
mi pose; io, piano piano,
gliela baciai. La testa

scosse: «Cominci male!...
Se fai così... Su, andiamo,
ricordati: io non t'amo
più passato il viale».

S'inoltrano nel bosco, in basso vedono la Melb, *ruscel tenue*, ci sono delle coppiette che *qui vengonsi a scaltrire*... Poi Else, con la voce che le trema, dice che si sente stanca, ha bisogno di riposarsi.

Sedemmo all'ombra. Ah, il patto
fu mantenuto appieno.
D'amor, sen contro seno,
noi non parlammo affatto.

Pare un Gozzano ante litteram, senza retrogusti di malinconia, quasi a riprova della serenità, della contentezza di Luigi in quell'anno e mezzo che passò a Bonn lontano dalla Sicilia e dalle questioni, dagli obblighi che essa comportava. Anche se ha di nuovo problemi di salute e un medico gli consiglia di alleggerire le ore dedicate allo studio con lunghe passeggiate ed escursioni.

Luigi è molto colpito dalla vita universitaria a Bonn, completamente diversa da quella romana. Pur nel rigore degli studi, allievi e docenti fanno gite in campagna, giocano a bocce e la sera, confortati da grossi boccali di birra, seriamente dissertano su argomenti di studio. I docenti hanno rapporti di familiarità con gli studenti. Quando Luigi sente che sta nuovamente per ammalarsi di cuore e lo comunica a Foerster, il professore gli scrive immediatamente una lettera di presentazione per un collega della facoltà di Medicina, Schultze, un luminare.

Frequenta i teatri, ascolta il *Tannhäuser* e diventa fervente wagneriano, fervore che non manterrà a lungo, anzi.

Lavora molto alla tesi di laurea consigliatagli dallo stesso Foerster, incentrata sulla parlata di Girgenti. In proposito, scrive a Monaci di avere con sé una grossa raccolta di fiabe, canti popolari e improvvisi, fatta da lui stesso in Sicilia, che medita di stampare in appendice alla laurea. Ma di questa raccolta si perderà traccia.

Le feste di Carnevale vengono aperte, a Bonn, con un grande ballo mascherato nella piazza del mercato, intitolata a Beethoven. Luigi vi partecipa e così ironicamente si descrive in una lettera alla sorella:

Ho indossato anch'io un domino e – inorridite – ho anch'io ballato, o per meglio dire saltato, e meglio ancora, pestato i piedi al prossimo mascherato.

C'è poco però da inorridire: alto, magro, elegante com'era, con la sua bella barba da carbonaro, gli occhi vivi e profondi, il domino non avrà fatto altro che accrescere il suo naturale fascino. E poi deve esserci stato un particolare atteggiamento di Luigi verso tutto ciò che gli risulta nuovo, diverso, insolito, un'attenzione acuta che non scade mai nella curiosità più o meno superficiale, una capacità d'accogliere uomini, donne, fatti, cose, che non ha limiti. Atteggiamento che non muterà negli anni.

Una parentesi necessaria per meglio chiarire questa sete di Luigi verso l'altro, il diverso. Partito per la Germania sul finire dell'estate del 1928, Pirandello si fermò a Berlino fino allo scadere dell'anno 1930, in una specie di volontario esilio. Anton Giulio Bragaglia, in quel tempo anche lui a Berlino, così racconta:

"La sera ci vedevamo a cena nel ristorante Venezia, per recarci insieme a teatro e dopo visitare qualcuno di quei curiosi cabarets della Berlino di dopoguerra, dove si presentavano curiosi fenomeni umani. Egli s'interessava molto a costoro. Parlando tedesco correntemente, egli riusciva a strappare rare confidenze da certi giovanetti vestiti da donna con i capelli lunghi, veri, cresciuti, e con le anche femminili nude.

"Voleva scriverne, per questo andava esplorando la loro curiosa psicologia che, poi, avrebbe guardato entro i propri specchi magici".

E Corrado Alvaro, di rincalzo:

"Di Pirandello a Berlino serbo un'immagine inedita; mi trovai con lui in una sera dello scorso inverno, con la neve alta così, a uno dei trecento tavoli di Zoo, una delle tante sale da ballo per il piccolo borghese berlinese. Eravamo sotto l'imminenza delle feste di fine d'anno, e le donne riscalducciate si precipitavano da una sala all'altra a ballare; brillava della sua uniforme di moda qualche centinaio di ragazze, impiegate e commesse. I formidabili sigari tedeschi non riuscivano a pompare l'aria di ottimismo diffuso dappertutto… Pirandello portava sempre di quei suoi gilet abbottonati fino al mento, che finiscono col colletto e la cravatta, di color grigio. La sua figura raccolta e geometrica, colore d'argento, staccava sulla tappezzeria rossa del luogo, e pareva, al tavolo basso, come un oggetto prezioso su un piedistallo. Le braccia raccolte seguitavano e ampliavano la linea della testa conclusa dalla barba a punta. A un certo punto cercai di figurarmi che cosa gli potesse passare per la mente in un ambiente come quello, e mi parve che egli stesse come il burattinaio fra i suoi attori; sotto i nostri occhi era una scena di non so che dramma, o uno di quegli scorci di dramma che egli ama inventare sulla vita comune. Perché appunto uno dei segreti della sua arte sta in questo: come egli, di radice regionale, riesca a partecipare degli spettacoli della vita moderna, riducendoli a un minimo denominatore comune, e come dalla realtà talvolta folkloristica nasca la farfalla della sua metafisica".

È fuor di dubbio che quanto scrivono Bragaglia e Alvaro sia in parte vero e cioè che tutto quell'interesse fosse finalizzato, destinato allo scopo della scrittura, ma è altrettanto vero che l'interesse nasceva da una sua intima, umana necessità di conoscenza, dal suo inesauribile bisogno d'essere permeato dalla realtà sempre nuova e diversa. Diversa come lui.

"Di notte non si stancava mai, non aveva mai sonno. Si portava appresso cinque o sei pacchetti di sigarette Xanthia e fumava in continuazione."

Una mascherina azzurra, con un cappello di paglia *spropositato* gli si incolla al braccio, non lo lascia più, se lo tiene stretto per non perderlo nella baraonda carnevalesca. La mascherina, oltre che affascinata dall'elegante figura di quel giovane in domino, si sente come attratta, risucchiata, fagocitata dagli occhi di lui che osservano, scrutano, ingoiano quasi i partecipanti a quella festa nei loro atteggiamenti, nei loro gesti, nel loro muoversi, ridere, agire, vivere.

A mezzanotte, ora in cui è costume tor via le maschere, fui meravigliatissimo di riconoscere nella mia diabolica incognita, una delle bellezze più luminose, che io abbia mai visto.

L'indomani, come è d'uso, si reca a farle visita. Discorrendo, tira fuori la storia che si diletta di pittura. Jenny, che di cognome fa Schulz-Lander, pretende un ritratto. Luigi promette e corre a comprare pennelli e colori. Già in quel primo incontro certamente Jenny gli avrà fatto capire come si sia innamorata di lui a prima vista. Luigi ne rimane lusingato, ma a quanto risulta non si sbilancia più di tanto. Infatti, qualche giorno appresso, si precipita a Colonia, dove le feste di Carnevale sono leggendarie.

Anni dopo, proprio a Colonia, negli ultimi giorni di Carnevale, ambienterà una novella, *La levata del sole*, nella quale il protagonista, Gosto Bombichi, dopo essersi incautamente maritato con una mascherina che l'ha provocato, finirà col meditare il suicidio.

Ad ogni modo, lo spensierato soggiorno a Colonia è funestato dall'arrivo di un telegramma del padrone di casa, il signor Mohr, nel quale viene annunziato che una cameriera ladra si è portata via i soldi che Luigi aveva lasciato a Bonn. Tutto il mensile paterno messo dentro a un borsellino ricamato dalla zita, Lina. Luigi, ignaro, a Colonia si era speso le duecento lire ricevute per una traduzione fattagli pubblicare in Italia da Ernesto Monaci. Quando Luigi torna di corsa a Bonn, scopre che gli mancano magari alcuni vestiti e un bell'orologio d'oro. E così gli piomba addosso, almeno per quel mese, una grigia quaresima proprio durante l'allegrezza di Carnevale.

L'amicizia con Jenny si fa più salda, anche se non ha ancora i toni dell'intimità. Luigi però è costretto a lasciarla, sta nuovamente male e la compagnia di Jenny non gli basta, sente il bisogno di tornare per qualche mese in Sicilia. Prima però si ferma a Bologna, si fa visitare dal famoso Murri che gli ordina d'interrompere gli studi per un certo tempo. Luigi obbedisce e passa quattro mesi nella casa di campagna al Caos.

Sentendosi meglio, ritorna a Bonn *che già il semestre stava per chiudersi ed ebbi appena il tempo di fare apporre la firma al mio libretto.*

Ma non gli viene facile ripigliare a studiare, si affatica molto facilmente. Jenny allora lo persuade a trasferirsi a casa sua, dato che la madre, di tanto in tanto, ospita a pagamento degli studenti. Anche in Breite Strasse 37, l'abitazione di Jenny, avrà due càmmare, una da letto e una per lo studio. In più, sarà meglio assistito.

Da Jenny, Luigi oltre a trasferire le sue cose, si porta appresso magari un cane randagio da lui raccolto, Mob, il quale, sapendo come vanno le cose della vita, è pronto a riconoscere come padrone il primo che gli dà un tozzo di pane. La vita di Luigi piglia un andamento più disteso, familiare.

Del forestier che ancora il sole della patria ha negli occhi
e oppresso qui dalla natura ingrata

vive solingo al fuoco, udendo attraverso la gola
fumida del camino gemer continuo il vento,

tenera e premurosa, tu cura ti prendi fraterna:
l'ore con lui dividi, tacite sieno o gaje.

Cuci, mentr'egli scrive. Dai candidi lini e dal foglio
levansi e si sorridon gli occhi di tratto in tratto.

Giù per la scala di legno, furtiva a lui scendi la notte.
Tremi e nel pronto amplesso soffochi la paura.

Ei nell'attesa il bujo paventa, ché attorno, anelando,
ispido di rimorso, gelido e reo lo sente.

Teco la vita viene, a cui non sa chiuder le braccia,
egli, per quanto questo pungolo interno senta.

Come potrebbe dirti: «Ritorna al tuo gelido letto»,
se tu la gioja delle fiorenti membra

vieni a portargli e scendi a lui che t'aspetta, volente?
Se quest'amor per te più d'ogni cosa vale?

Non ei promessa alcuna t'ha fatta. E pur pensa: «Domani,
se quest'amore spezzo, che avverrà mai di lei?».

Già ti vede perduta, e interroga i cogniti luoghi,
quale, per te diserta, funebre aspetto avranno.

In quella casa, dove ha trovato ospitalità, cure, conforto e amore Luigi riesce finalmente a portare a termine la sua tesi di laurea.

UN ALTARE NEL CUORE

Mentre si trova a Bonn, Luigi riceve un telegramma da casa col quale i genitori gli comunicano, a sorpresa, la loro disponibilità a pagare le spese di stampa per la pubblicazione della raccolta di versi intitolata *Pasqua di Gea.* Luigi ne rimane sorpreso e commosso. Scrive a Lina:

L'adorato Babbo nostro ha voluto farmi il regalo di pubblicare a sue spese la mia Pasqua di Gea. *Quando ricevetti per telegramma la notizia, mi trovavo in un tristissimo momento, così che mi commosse fino alle lacrime. Quanta generosità, e che squisitezza di pensiero! Oh i nostri, miei Cari, sono davvero i più bei genitori del mondo! Meritano d'essere adorati ginocchioni.*

Quello che Papà ha fatto per me è tanto e tale, che or-

mai checché io faccia o sia per fare non varrà più a sdebitarmi per la millesima parte. Io gli ho pertanto innalzato un altare nel mio cuore, e me lo venero in silenzio, senza stancarmene mai.

C'è, in queste parole, un tono sopra le righe che suona alquanto falso. Ed è un tono che torna frequentemente a farsi sentire quando Luigi si trova a parlare indirettamente del padre: passa, con la stessa veemenza, da un eccesso all'altro. Intuisce più o meno oscuramente che dietro quel gesto c'è il trepido amore di donna Caterina (sicuramente è stata lei che ha convinto don Stefano), ma c'è anche una sorta di disegno paterno per sottolineare la "dipendenza" di Luigi, non solamente economica. È don Stefano, in altri termini, a permettere la consacrazione ufficiale del figlio come poeta. E Luigi si sente sempre più impastoiato in questa situazione. In una lettera datata 1° marzo 1891, a venti giorni cioè dalla laurea, domanda un prestito alla sorella Lina e al di lei marito:

... al Babbo, anche a costo di perderci entrambe le mani, non voglio scrivere, non scriverò. Egli mi ha tanto e poi tanto e poi tanto mandato (mi ha pagato la pubblicazione della Pasqua, *anche) tanto, dico, che non ho più animo di farmi a chiedergli un centesimo. Intenderete che a lui non posso scrivere "mandami 300 lire che alla fine di marzo te le restituirò"...*

Lina e il marito gli spediscono il denaro a giro di posta e così Luigi può serenamente prepararsi alla discussione della tesi di laurea.

Ma su tutta la faccenda della pubblicazione della *Pasqua* si potrebbe fare un malo pensiero. Stampati, resi pubblici, quei versi testimoniano il rapporto tra Luigi e

Jenny (alla quale del resto il volumetto è dedicato) e vengono a mettere il carico da undici sul fidanzamento ampiamente in crisi con la cugina Lina. Gesto malaccorto di don Stefano o freddamente meditato?

LA LAUREA

La discussione della tesi avviene il 21 marzo 1891, in una scenografia imponente e agghiacciante. C'era un palco gigantesco che si articolava in tre gradoni con le cattedre, su quello più alto sedevano in cappa e tocco i professori, il candidato al Doctorwürde nella Philosophischen Fakultät stava in quello più basso. Prima della laurea vera e propria c'era un Magister-Examen di filosofia, storia e scienze naturali, lunghissimo, estenuante. Luigi sapeva che il punto debole consisteva nell'esame di scienze: gli fecero domande persino di zoologia. Il crollo, o quasi, avvenne con le domande di matematica, si confuse tanto che il professore cominciò a sconcicarlo dimostrandogli, con un trucchetto che si fa ai picciliddri, che le dita delle mani sono undici e non dieci. Per tre ore sostenne le domande di Buecheler, famoso latinista, su grammatica e storia dei testi. Altrettanto complesso l'esame di filologia romanza. Ad ogni modo, venne promosso con la sufficienza. La tesi invece fu discussa, oltre che dai professori, da uno studente anziano e da un laureato nella stessa materia, i cosiddetti Opponenten. Alla fine la tesi, *Laute und Lautentwickelung der Mundart von Girgenti* (Suoni e sviluppi di suoni nella parlata di Girgenti), venne ampiamente approvata e Luigi poté scendere da quella sorta di luogo di supplizio dov'era stato esposto come un san Sebastiano a tutte le frecciate.

Gli mettono la toga, il grande cappello e così parato lo fanno giurare sui bastoni d'argento che gli inservienti tengono incrociati davanti a lui. Poi il rituale finisce.

Quando la tesi è pubblicata con dedica al professor Foerster, il grande Meyer-Lübke la recensisce positivamente sull'autorevole "Literaturblatt für germanische und romanische Philologic".

A questo punto c'è un piccolo mistero.

Presi nel marzo del 1891 la laurea di dottore in filologia romanza con grande soddisfazione dell'indimenticabile mio maestro romano Ernesto Monaci ed il seguente anno scolastico restai ancora a Bonn in qualità di lector *di lingua italiana nell'università.*

Racconta Gaspare Giudice che il fratello di Luigi, Innocenzo, confermò il lettorato tedesco precisando che il corso verteva sull'*Inferno* dantesco; la figlia Lietta aggiunse che il padre, per il lettorato, riceveva quasi quattromila lire annue, il ricavato delle iscrizioni al corso e una indennità d'alloggio. Ma negli archivi di Bonn, scrupolosamente tenuti, il nome di Luigi Pirandello non compare mai come docente a nessun titolo.

Forse dell'incarico se ne parlò, ma non ci fu alcun seguito. Se Luigi scrive di essere rimasto a Bonn un anno intero dopo la laurea evidentemente si tratta di una sua fantasia, come quella di quando disse a un giornalista di essere fuggito da casa per andare a studiare a Como.

Il fatto accertato invece è che, dopo un brevissimo soggiorno a Wiesbaden, se ne scappa, letteralmente, in Sicilia.

E Jenny? Ma che vuole Jenny da lui? Non glielo ha cantato magari in poesia?

Non ei promessa alcuna t'ha fatta. E allora? Che se ne rimanga a Bonn con i ricordi e con il cane Mob, generosamente regalatole. Vuole che lo ridica con altri versi? Eccoli.

Ci duol del tuo tardare,
suprema ora di gioja;
ma è bene che si muoja
quando tu giungi al fine:
colta la fresca rosa,
non restan che le spine
e sempre son gli sdegni
seguaci ai godimenti.

Dalla Sicilia continuerà a scriverle di tanto in tanto, poi la corrispondenza s'interromperà definitivamente.

Moltissimi anni dopo, a New York, non vorrà rivederla, adducendo la scusa che Jenny doveva restare intatta nella sua memoria, giovane e bella. La ragione vera probabilmente è un imbarazzo insostenibile davanti al ricordo dell'assoluto suo egoismo giovanile. E forse c'è una più riposta ragione. In quegli anni, Jenny è diventata una scrittrice di qualche nome, dentro di sé aveva dunque qualcosa che Luigi non ha minimamente intravisto, per lui la ragazza era solo una creatura di una certa intelligenza che sapeva suonare il piano, cuciva, cantava e la notte lo riscaldava nel letto freddo. Forse un certo timore per quella donna matura ormai capace di usare parole diverse da quelle della giovinezza?

Luigi torna in Sicilia deciso a liquidare lo zitaggio con Lina, zitaggio che oramai è una specie di cadavere putrefatto. Al suo arrivo, trova Lina arraggiata: la picciotta non capisce il tedesco, ma le è bastato leggere il nome di Jenny nella dedica di *Pasqua di Gea* per intuire la relazione che lo zito ha avuto in Germania. Luigi si ritira in solitudine al Caos e rimette mano, per vendetta o per trarre forza per il prossimo scontro con la zita, a un poemetto più volte interrotto, *Belfagor*, ferocemente e velenosamente contrario alle donne, del quale resteranno solo poche pagine, le altre saranno dall'autore stesso distrutte. Ma Luigi non se la sente di affrontare Lina faccia a faccia. Dopo averne parlato con don Stefano, gli manda, in data 15 agosto 1891, una circostanziata lettera (della quale si è già detto), che il padre potrà far leggere, se vuole, a chi di ragione, nella quale spiega la sua impossibilità di maritarsi con la cugina. Di più: come la sua natura d'artista lo condanni al celibato.

Don Stefano non aspetta altro, da sempre contrario al matrimonio del figlio con la cugina (e lui di rapporti con cugine aveva fatto amara esperienza), muove i primi passi per la rottura ufficiale dello zitaggio. Ma qui siamo in Sicilia, non in Germania e la cosa presenta molte difficoltà. Luigi parte per Roma lasciandosi dietro una scia di risentimenti, musi lunghi, offese. Comunque, nel giro di qualche mese è tornato a essere libero dalle due femmine che in qualche modo avevano tentato di tenerselo.

Sul treno che lo porta alla capitale, Luigi, capelli biondi, pizzetto biondo, occhiali d'oro, cappello d'artista a larghe falde, elegante, slanciato, la piega dei pantaloni perfetta, il cravattino annodato ad arte, gli stivaletti d'invulnerato copale (il ritratto è dovuto a Lucio D'Ambra), viene pigliato da qualche compagno di viaggio per un pittore tedesco che sta rientrando in patria dopo un tour nell'isola. Perché proprio tedesco e non, mettiamo, inglese? Perché Luigi, a rendere più evidente la sua diversità, avrà infilato di straforo un qualche accenno di pronunzia appunto tedesca.

E sul suo "apparire" tedesco, ecco ancora una testimonianza, quella di Luigi Capuana che l'apprezza molto e che lo convince a lasciar perdere la poesia e a dedicarsi alla prosa, alla narrativa:

"Biondo, con barbetta da Nazareno, capelli un po' lunghi e spinti indietro sotto un cappello di castoro a larghe tese ('una specie di sombrero' dirà l'amico girgentano De Gubernatis), aveva nella svelta e signorile persona e nella dolce espressione del viso quasi pallido, qualche cosa che non faceva indovinare in lui un siciliano. Parecchi lo scambiavano per uno studente tedesco venuto a fare dopo la laurea l'indispensabile viaggio in Italia...".

L'ultimo problema da affrontare e da risolvere, Luigi lo sa benissimo, è lo scioglimento dall'invisibile catena che lo tiene stretto: la dipendenza economica dal padre. Fino a quando la dipendenza non cesserà, tutti i suoi tentativi di essere un vero figlio cambiato non saranno altro che patetiche velleità.

IO NON SON NATO PICCOLO

A Roma, come ha scritto Gaspare Giudice, Luigi arriva con la precisa volontà di essere un "letterato di carriera". Sa che l'impresa non è facile, ma non riesce manco lontanamente a immaginare quanto sia difficile già la domanda di ammissione nei ranghi. A proposito: non ha nemmeno lo spettro del servizio militare: il fratello Innocenzo lo fa per lui, secondo una legge allora in vigore. Passa quindi giornate e nottate a riempire fogli e fogli di poesie, novelle, commedie, drammi. Ha scritto persino un romanzo che nessuno gli pubblica. Tutto quello che riesce a guadagnare è qualche decina di lire attraverso stente collaborazioni giornalistiche.

Potrebbe mettere a frutto la sua laurea dedicandosi all'insegnamento, ma sente che quell'occupazione, al momento, sarebbe come una sorta di diminuzione.

Non gli resta altro da fare, per mantenersi a Roma, che domandare soldi al padre, il mensile spesso non gli basta.

Io non son nato piccolo, né di poco posso contentarmi.

Giustifica così le sue pressanti richieste di denaro. Tra l'altro, è certo non avere quel *soffio al culo* che spinge altri autori ad essere pubblicati o rappresentati e a guadagnare. Andato in vacanza, gli mancano i soldi per pagare l'albergo, non può comprarsi biancheria nuova. Scrive ai familiari lettere tra il sincero e il ruffiano.

Io vedo lontano un uomo che s'affanna da mane a sera per un altro lavoro, più duro del mio e molto meno amabile. Allora, mentre da un canto la mia fatica impallidisce di fronte alla sua, dall'altra il mio avvilimento al confronto cresce.

Don Stefano certe volte è pronto a spedire altri quattrini, altre volte per un po' resiste. Luigi si sente comunque avvilito, sia davanti a una risposta negativa sia davanti a una risposta positiva. Probabilmente, sarebbe meno umiliato davanti a una risposta negativa che lo costringerebbe a insistere: quel "no" di don Stefano, in un certo senso, avvalora il gioco delle parti: se lui è un figlio cambiato perché don Stefano dovrebbe avere degli obblighi nei suoi riguardi?

E a proposito della biancheria che non può accattare, commenta: *Dovevo farmela, prendendo moglie; non ho preso moglie e son rimasto quasi nudo.*

Già, una moglie ricca potrebbe risolvergli molti problemi, non solamente quelli della biancheria intima.

A proposito di matrimonio. Nella lettera di commiato alla zita, aveva giurato: *Io te l'ho detto: non penserò più ad alcuna donna al mondo, rimarrò legato a te per tutta la vita...*

Ma non è detto che un matrimonio debba per forza essere d'amore. E poi, in un matrimonio d'amore le possibilità di una moltiplicazione di ambiguità, malintesi, gelosie retrospettive si presentano a ogni sorgere di sole. Proprio nel giugno del 1892 pubblica su un giornale-opuscolo settimanale, "L' O di Giotto", allegato al quotidiano "La Tribuna", un atto unico, o meglio, un dialogo intitolato *Perché?* (rimasto a lungo dimenticato, venne rappresentato per la prima volta al romano Teatro delle Arti il 25 giugno 1986 con la mia regia). E tratta appunto del pericolo, nel matrimonio, della gelosia retrospettiva. I personaggi sono Giulia e Enrico, sposati da poco e l'azione si svolge nel salotto della loro casa. Un brano:

ENRICO *Chi mi ha ridotto a questo punto? Tu non lo sai, non lo sai quello che soffro io…*

GIULIA *Vuoi soffrire…*

ENRICO *Ah, sì? Per giunta, colpa mia.*

GIULIA *No. Di nessuno. Del caso! Che colpa ho io se non t'ho conosciuto prima? Se t'ho conosciuto tardi? Ma bada!*

ENRICO *Questo lo so.*

GIULIA *Dunque?*

ENRICO *Dunque niente! Non t'accuso, se tu non capisci… io non t'ac-cu-so!*

GIULIA *Perché dobbiamo vivere così, dunque? Infelici per nulla!*

ENRICO *Per nulla…*

GIULIA *Perché m'hai sposato, se credi sul serio d'avere una ragione per vivere così? Perché?*

ENRICO *È inutile che te lo dica. Mi vedi così – non mi credi! Credi che non ti voglia bene e che non abbia della stima per te… Falso! È perfettamente al contrario. Soffro perché ti voglio bene e ti stimo. Una pazzia, sì, sì! Chi dice altrimenti? Ma se arrivo financo a domandarmi, vedi: perché fosti lasciata a me, l'ultimo venuto? Penso che potresti amare…*

GIULIA *Amare…*

ENRICO *Amare, sì – non dire ora!*

GIULIA *Ma nessuno come te!*

ENRICO *Lo so! Uno sì, però, l'amasti… almeno – gli altri scimuniti forse no, ti credo. Ma come non ti bruciavano le labbra a dir* ti amo *a certi imbecilli!…*

Pensieri, questi di Enrico, che saranno macari passati per la testa di Luigi quando, diciassettenne, andandosene a spasso per Palermo con la bella zita Lina, di quattro anni più grande di lui e perciò femmina fatta, si sentiva taliàto da qualche ex spasimante di lei e gli pareva di cogliere in quello sguardo una sorta di dileggio, talvolta addirittura di compassione...

No, no, cento volte meglio un matrimonio combinato, d'interesse.

"Cu nesci, arrinesci" (Chi esce, riesce), si dice in Sicilia. Chi riesce a spezzare il cerchio d'arretratezza, di convenzioni, di remore, di abitudini, di leggi tanto più rigorose quanto non scritte che imprigionano il siciliano, questi, per il solo fatto d'avere interrotto la catena di restrizioni, è destinato, fuori dall'isola, a riuscire. Il detto, per Pirandello, sembra fallire. Ha stretto amicizia con letterati importanti, frequenta il caffè Aragno, ma in conclusione non è in grado di cavarsela senza l'aiuto da casa. Per questo spedisce ai familiari una lettera cifrata:

Non ho più alcuna volontà, mi piace anzi abbandonarmi completamente a quella degli altri. Vi dico ciò sinceramente... Fate di me quel che volete.

In codice, perché decrittata significa che i suoi non debbono tenere in conto le precedenti, decise dichiarazioni di fedeltà al celibato e che quindi lui è disponibile a proposte che siano sensate, che non mettano cioè in discussione la sua permanenza a Roma e che gli consentano di continuare a far lo scrittore.

L'AFFARE

Suppergiù nello stesso periodo, macari don Stefano ha ricevuto un messaggio in codice. Un commerciante di zolfi, Calogero Portolano (così appare il cognome in tutti i documenti commerciali, e non Portulano), col quale don Stefano era in rapporti d'amicizia e d'affari (non socio, come spesso viene detto, Calogero Portolano la ditta l'aveva con Salvatore Patti), dovendosi assentare da Girgenti per un certo tempo, gli affida due buste, una delle quali conteneva settantamila lire con l'indicazione "Dote di mia figlia Antonietta". Messaggio che non aveva bisogno in realtà della fatica della decrittazione, perché esplicitamente veniva a significare la proposta di matrimonio tra i loro figli.

Don Stefano non solo non ha riserve, ma accetta con un certo entusiasmo, perché questa è forse la soluzione ideale per i problemi economici di Luigi. Antonietta, che don Stefano non ha mai vista né conosciuta, non c'è bisogno d'interpellarla, tanto dovrà inchinarsi alla volontà paterna, tutt'al più la si potrà cortesemente informare del suo prossimo fidanzamento con uno che lei non ha mai sentito nominare.

Don Stefano invece con Luigi la piglia alla larga. Gli scrive dicendogli che ha da proporgli un affare: si tratta dello zitaggio con una picciotta timorata di Dio e ricca, dato che la dote si aggira attorno alle centomila lire. Cioè a dire, possiede già due delle tre "r" che si richiedono a una sposa: racchia, ricca e religiosa. A Luigi, don Stefano non accenna all'aspetto fisico della futura sposa, anche perché lui stesso non sa com'è fatta. Luigi risponde che l'affare è possibile, per la bruttezza o la bellezza della moglie si rimette alla fortuna. Poi, nelle successive lettere, don Stefano non parla più della cosa, un po' per tattica, e cioè tenere sulla corda il figlio, e un po' perché Calogero

Portolano comincia a tirare sulla dote, mettendo in mezzo cavilli e percentuali. Luigi si squieta.

Intorno all'affare in discorso... mi si lasciò intravedere questo: una ragazza piena di meriti, con centomila *lire di dote, che si sarebbero versate nella tua cassa sociale, da cui io avrei avuto un terzo degli utili netti, e poi tutto il tempo possibile per il conseguimento dei miei ideali. Accettai.*

Finalmente le trattative pigliano la strada giusta e Luigi si precipita a Girgenti. Ma per il primo incontro con la zita tempo ne deve ancora passare, sempre per questioni che mette in mezzo Portolano il quale certe volte dà l'impressione d'essersi pentito della proposta che, in città, rimane avvolta nel più profondo segreto. Un giorno Antonio De Gubernatis, passeggiando con Luigi, gli disse che si murmuriava che lui fosse cotto di una picciotta che abitava proprio di fronte alla sua casa e che perciò stava lungamente affacciato nella speranza di poterla vedere. Ridendo, Luigi rispose che se le cose stavano così non si sarebbe più fatto vedere al balcone. E quindi annunziò, all'amico che quasi non ci voleva credere, che presto si sarebbe fidanzato con Antonietta Portolano. E poi spiò a De Gubernatis se conosceva la picciotta. Alla risposta negativa dell'amico, precisò che manco lui l'aveva mai vista.

Altra parentesi necessaria. Questi matrimoni combinati, che nel caso specifico erano detti "matrimoni di sùrfaro", matrimoni di zolfo, erano frequentissimi all'epoca, anche come sistema di difesa dei commercianti apparentati contro le grosse compagnie straniere che intanto si andavano creando e che da lì a qualche anno li avrebbero mandati in rovina. Malgrado ci entrasse lo zolfo col suo odore luciferino, spesso questi matrimoni riuscivano quanto, e certe volte meglio, dei matrimoni d'amore. Tra le carte di casa, ho trovato numerosi fogli di "abbasso zolfi", vale a dire una sorta di certificato di deposito degli zolfi rilasciato dai magazzinieri ai proprietari delle miniere. Su ogni foglio di abbasso, i commercianti che ne avevano bisogno dichiaravano la quantità (in "cantàra") di zolfo comprata e pagata per contanti. Ebbene, su uno di questi fogli ci sono, siamo nel maggio 1891, le firme di Stefano Pirandello, Calogero Portolano, Carmelo Camilleri e Giuseppe Fragapane. Il figlio di Stefano Pirandello sposerà la figlia di Calogero Portolano, il nipote di Carmelo Camilleri sposerà la nipote di Giuseppe Fragapane. Posso garantire che il matrimonio tra mio padre e mia madre riuscì splendidamente, si amarono davvero.

Calogero Portolano, vedovo, commerciante in fama d'usuraio, ha tre figli, due màscoli e una femmina: Giovanni e Carmelo vivono con lui, Antonietta invece viene educata nel convento delle suore di San Vincenzo. I màscoli di casa Portolano patiscono di una gelosia mostruosa che spesso sconfina nel surreale. Sbaglio, dovevo adoperare il verbo patire a riguardo delle femmine Portolano. A sua moglie, Calogero aveva ordinato la misura esatta dell'apertura delle persiane, pochi centimetri, tanto per far passare un filo di luce e d'aria, aprirle tanticchia di più sarebbe stato indecente. La povera signora Portolano di questi ordini vessatori se ne fece una ragione tanto che, quando ebbe un parto assai difficoltoso e l'intervento della mammana non era bastevole, preferì lasciarsi morire piuttosto che farsi vedere dal medico. Antonietta, quando la domenica usciva in fila con le altre compagne per la passeggiata, doveva sempre tenere gli occhi fissi a terra.

E a controllare che questo avvenisse c'erano sempre il padre o uno dei due fratelli. Se per un caso la picciliddra alzava la testa e lanciava una rapida taliàta torno torno, ecco l'intervento ululante del familiare appostato. Era per questo che, a Girgenti, nessuno aveva visto in faccia Antonietta Portolano.

Appianate faticosamente le modalità relative al versamento delle quote della dote, viene finalmente il giorno della conoscenza dei due ziti. Ma macari in questa occasione salta in testa a Calogero Portolano un nuovo firtìcchio. Si scanta che, nel caso la conoscenza non dovesse portare, per una ragione qualsiasi, al fidanzamento ufficiale, la figlia Antonietta potrebbe venire sparlata, chiacchierata, compromessa irrimediabilmente.

Allora escogita un piano. A una data ora, calcolata con estrema precisione, i Portolano al completo muoveranno, in carrozza, verso Porto Empedocle, mentre da qui, all'ora assegnata, una carrozza con i Pirandello si dirigerà verso Girgenti. Se i tempi di partenza e di marcia saranno rispettati, le due carrozze s'incontreranno all'altezza del viottolo che porta, dalla strada provinciale, alla casa di campagna del Caos. Così avviene. E inizia la recita a beneficio di qualche cane randagio o di qualche contadino assonnato. Scesi dalle rispettive carrozze, Calogero Portolano e don Stefano si scambiano saluti e cortesie, fino a quando don Stefano non pronunzia la fatidica frase:

«Perché non venite a casa mia? Tanto è qui a due passi...».

Le carrozze si avviano, quella dei Pirandello in testa a far strada, quella dei Portolano che la segue. E così l'onore di Antonietta Portolano è salvo, nessuno che vi abbia assistito potrà sostenere che l'incontro era stato combinato, si è trattato di un fatto assolutamente casuale.

Nel salotto, le due parti contraenti stanno assittate faccia a faccia, parlano del tempo, di affari, le femmine parlano di abiti. Rigorosamente vietato ogni accenno a un possibile fidanzamento. Luigi e Antonietta si talìano di tanto in tanto di straforo. L'immediata constatazione di Luigi è che alla sua futura moglie manca la terza "r": Antonietta è molto graziosa, dolce, gentile e timida, la timidezza è forse aggravata dalla circostanza, quella cioè di essere considerata una sorta di merce esposta al gradimento del compratore. Ma nella realtà invece le cose stanno esattamente al contrario: è lei che con la sua dote si sta accattando un marito.

Ad Antonietta Luigi piace immediatamente, forse a casa ne parla al padre con troppo entusiasmo e quello appizza le orecchie, infastidito. Macari Luigi è d'accordo, su quella picciotta non ha niente da ridire.

All'amico De Gubernatis che il giorno appresso gli spia com'è andata la conoscenza, Luigi risponde che l'ha trovata *bona pì mugliera*, buona per fare la moglie, giusta per il compito che dovrà assumersi. Ma, aggiunge, *ne farò una vera donna.*

E così scrive alla sorella Lina:

Ella finora m'accontenta fisicamente, mi par molto simpatica, se non del tutto bella.

In quanto al morale, scorgo che è molto buona e dell'impronta nostra: poca esperienza, ma ha contegno e prudente compostezza.

C'è ancora qualche incontro tra Luigi e Antonietta, con minori precauzioni verso l'esterno e maggiori precauzioni all'interno. Vale a dire che i due ziti non saranno mai lasciati soli, non potranno mai scambiare qualche parola in confidenza, a ogni incontro deve sovrintendere un rappresentante dei Portolano e uno dei Pirandello.

Ordine tassativo di Calogero Portolano: Antonietta non doveva mai alzare gli occhi da terra e taliàre il futuro sposo.

In un mese e mezzo mi ha fatto vedere la promessa due volte sole e di volo.

Dopo due mesi, Luigi se ne torna a Roma, trova casa in via Firenze e l'arreda: è qui che verrà a vivere con la moglie. Quindi la cosa pare fatta. Calogero Portolano però ha notato un certo cangiamento nella figlia. A un certo momento, con orrore, si rende conto che Antonietta è "pigliata", innamorata dello zito. E questo lui non può assolutamente permetterlo. Una mugliere deve essere sottomessa, devota, pronta all'obbligo coniugale, ma innamorata del marito, non sia mai! Tanto più che Luigi non gli ha fatto sangue, anzi gli è stato antipatico a prima botta, e non può essere diversamente, dato che quello è l'uomo che si porterà a letto la figlia.

Comincia a mostrare molti dubbi sul matrimonio quando gli capita di parlarne con don Stefano: Antonietta è troppo picciotta per maritarsi e poi il fatto che andrà a vivere a Roma non lo persuade. Non sarebbe meglio se Luigi si trasferisse a Girgenti?

Sa benissimo che Luigi non accetterà mai, e quindi insiste su questa proposta sino a renderla indispensabile per il matrimonio. E avviene quello che Portolano si era ripromesso: poiché Luigi rifiuta di metter su casa a Girgenti, egli considera rotto il fidanzamento e di conseguenza nullo l'atto dotale. E proprio perché non ci siano ripensamenti, manifesta ad Antonietta la sua volontà di farla maritare con un avvocato girgentano.

Luigi è arraggiato, vede sfumare la possibilità di tagliare la catena che ancora non gli permette di essere compiutamente un figlio cambiato. Aveva affittato un appartamento di sette stanze, lo stava arredando, il tutto con il denaro datogli da don Stefano, ora è costretto a lasciare la casa rimettendoci la caparra e i mensili anticipati.

Deve macari svendere i mobili. Non meno arraggiato di lui è don Stefano:

"Il solo pensiero che io abbia potuto avere con questo pazzo ridicolo alcunché di comune mi dà nausea".

Portolano ha calcolato male le reazioni della figlia, l'ha sottovalutata. Per la prima volta in vita sua, Antonietta si rifiuta d'obbedire agli ordini paterni. Nossignore, ella o si marita con Luigi o si fa monaca. E non c'è verso di farla cataminare dal suo proposito. Calogero Portolano deve cedere: attraverso Enzo, il fratello minore di Luigi, supplica questi di tornare in Sicilia.

Capitano proprio tutte a me! commenta Luigi in una lettera a Lina.

Macari don Stefano si mette di mezzo, i soldi di Portolano sono per lui in quel momento molto importanti. Luigi è costretto a sottoporsi a un supplemento di zitaggio. Naturalmente le regole durante gli incontri sono sempre ferree, non possono parlarsi. Ma Luigi aggira l'ostacolo scrivendo ad Antonietta. Continua a scriverle magari quando è costretto a tornare a Roma a cercare un altro appartamento, dato che quello di prima si dimostra troppo piccolo per contenere i mobili accattati in Sicilia. È una corrispondenza a senso unico, e già in queste lettere si capisce cosa Luigi intendeva quando disse a De Gubernatis che di sua moglie ne avrebbe fatto una *vera donna*.

Antonietta è stata educata dalle suore di San Vincenzo, non sa niente della vita, è ingenua, al massimo la sua cultura sarà consistita nella lettura di qualche libretto agiografico. Senza nessun riguardo, Luigi comincia a scriverle lettere appassionate questo sì, alternate ad altre che Giudice ha chiamato "terroristiche".

Noi non sapremo mai nulla, noi non avremo mai della vita una nozione precisa, ma un sentimento soltanto, quindi mutabile e vario, triste o lieto a seconda della fortuna. Nulla di assoluto adunque. Che cosa è il giusto? Che cosa l'ingiusto? Io non trovava in questo labirinto una via d'uscita... Oh, in che orrenda notte, Antonietta mia, era avvolto il mio spirito! I miei sogni di gloria eran baleni a un tratto oscurati: e invano chiedeva la luce, invano il sole... Ora il sole è per me nato! Ora il mio sole sei tu, e tu sei la mia pace e il mio scopo: ora esco dal labirinto e vedo altrimenti la vita.

E ancora:

L'alba della mia nuova vita ha per sempre scacciato le

nebbie che m'ingombravano la mente. Ora mi s'apre chiaro dinanzi l'avvenire. Io ho potuto finalmente congiungere queste due supreme idealità: l'Amore e l'Arte.

Ma le scrive anche:

In me son quasi due persone. Tu già ne conosci una; l'altra, neppur la conosco bene io stesso. Soglio dire, ch'io consto di un gran me e d'un piccolo me: questi due signori son quasi sempre in guerra tra di loro, l'uno è spesso all'altro sommamente antipatico. Il primo è taciturno e assorto continuamente in pensieri, il secondo parla facilmente, scherza e non è alieno dal ridere e dal far ridere. Quando questi ne dice qualcuna un po' scema, quegli va allo specchio e se lo bacia. Io sono perpetuamente diviso tra queste due persone. Ora impera l'una, ora l'altra. Io tengo naturalmente moltissimo di più alla prima, voglio dire al mio gran me; mi adatto e compatisco la seconda, che è in fondo un essere come tutti gli altri, coi suoi pregi comuni e coi comuni difetti. Quale dei due amerai di più, Antonietta mia?

Nel dubbio, Antonietta si astiene dal rispondere. E non risponde nemmeno alle altre lettere dello zito quando le scrive che nella loro camera da letto ci sarà un angolo che conterrà un segreto non rivelabile e altri enigmi del genere. Antonietta tace, certamente turbata se non atterrita. Alle strette, dichiara a Luigi di non saper più nemmeno scrivere. E forse è vero, c'è già in atto in Antonietta una sorta di regressione. Ma Luigi insiste, implacabile.

Davvero per scrivermi ti fai violenza? Non è possibile! Non è vero affatto che Tu non sappia scrivere. Come mai non trovi da dirmi nulla?

Già nel corso del fidanzamento Luigi si fa persuaso

che Antonietta non lo potrà seguire *per questa via nobilissima per cui la sorte volle mettermi: la via dell'Arte.*

Niente da fare, tutta la sua pedagogia ostinata sarà costretta a infrangersi contro il muro di rifiuto disperatamente opposto da Antonietta.

Disperatamente. Scrive Sciascia:

"Ma non era una via: era un labirinto. E lo era ancor prima che Antonietta se ne ritraesse, che – in un certo senso – se ne salvasse. Già Balzac aveva detto: 'Dio preservi le donne dallo sposare un uomo che scrive dei libri'. E da un uomo che scrive i libri che Pirandello ha scritto?".

Senza cessare di fare azzuffatine col Portolano ("Luigi fece in tutto due sbirrittate col Portolano per la gelosia", scrive Annetta a Lina nel fare il resoconto di una giornata) Luigi si marita il 27 gennaio 1894 prima in Municipio e poi in chiesa, ed è un matrimonio, cosa che Antonietta e Luigi hanno avuto modo di sapere, che nasce sotto il segno della non comunicazione reciproca. Intuiscono però che a legarli ci sarà una passione autentica, un'attrazione fisica veramente forte che durerà a lungo nel tempo, tanto che il figlio Stefano dirà che erano più che altro amanti.

I Portolano raccontano che in quella prima notte di nozze Luigi, per discrezione, non toccò la moglie. La quale, già intimorita per quello che doveva capitarle, secondo i racconti delle suore, dovette scantarsi ancora di più per quello che interpretò non come un gesto di delicatezza, ma come un rifiuto. Un altro trauma.

Dopo otto giorni di permanenza al Caos, gli sposi si trasferiscono a Roma.

La casa di Luigi e Antonietta a Roma, tra via del Tritone e via Sistina, è ampia, comoda, accogliente. Tappeti dovunque, tende, salotto buono per ricevere gli amici che sono tanti e tutti intellettuali, scrittori, artisti. Però Luigi continua a frequentare ogni domenica la casa di Ugo Fleres e a farsi vedere al caffè Aragno. La sua nuova casa, in altre parole, non si tramuta in un luogo d'incontro, come forse egli aveva in un primo tempo sperato. Il problema era rappresentato dall'atteggiamento di Antonietta, inizialmente non ostile alla cerchia di amici del marito, ma sicuramente da lei vista come qualcosa di assolutamente estraneo. La sua educazione, tutta tesa a farne una buona moglie in senso tradizionale e siciliano, la fa stare a disagio in mezzo alla comitiva di màscoli che portano macari le loro mogli le quali però sono femmine assai diverse da lei, per modo di pensare e di parlare. Inoltre, davanti agli amici di Luigi si trova sempre a fare scena muta, le viene assai difficile capire di che cosa quelli stanno parlando. Lei può, e sa, essere una brava "fìmmina di casa": a questo scopo è stata cresciuta e allevata. L'essere stata catapultata, dal convento, a Roma, il doversi assumere la responsabilità di padrona di casa in una città che la frastorna, sono stati sicuramente altrettanti traumi che lei ha saputo superare nascondendone i segni più evidenti. Tanto più che il suo Luigi, oramai fattosi persuaso che lei non solo non potrà mai essere una valida compagna nella strada che ha intrapreso, ma che addirittura sia incapace *a sentire elevatamente*, la lascia, come dire, indietro, ad occuparsi delle vettovaglie. Se da un lato Antonietta di questo è contenta, dall'altro certamente ne soffre, la sensazione di solitudine in quei giorni deve essere stata assai grande. Luigi è sempre affettuoso, è sempre un caldo amante, ma è chiaro che nel loro matrimonio si è prodotta una lieve incrinatura.

Luigi, finalmente raggiunta la condizione di non dipendenza economica dal padre, conquistata totalmente la sua identità di figlio cambiato, scrive e scrive con una felicità prima mai conosciuta. Riceve ogni mese una rimessa da don Stefano, la quota dei ricavi dell'azienda il cui capitale è in parte costituito dalla dote di Antonietta: può permettersi il lusso di far pubblicare alcune sue novelle senza pretendere compenso. Dopo pochi mesi, Antonietta comincia a soffrire di emicrania. Luigi ha un sospetto (*se non è già quello che con tutta l'anima vorrei che non fosse... almeno per adesso*) che risulterà fondato: nel giugno 1895 gli nasce il primo figlio, al quale, come da tradizione, viene messo il nome di Stefano.

Ah che ebbrezza mi dà la profonda coscienza della mia bontà, della tenerezza mia per questo bambino, che mi fa tremare le più intime fibre dell'anima d'una felicità che non ha nome, al solo pensiero che egli esiste per me e per sua madre, al subito affacciarsi del suo volto agli occhi miei, com'io lo penso! Vedo dovunque, dovunque il volto del mio bambino, che di questa tenerezza mia mi par quasi la spontanea espressione propagantesi su ogni cosa vivente, dalla più umile alla più eccelsa!

Per volontà della moglie e della parentela tutta, il picciliddro sarà battezzato. Lui si sfoga con Lina:

Son menzogne convenzionali che tutto il mondo oggi pratica, e a ribellarvisi si rischia di parer pazzi, o peggio!

Per questa nascita, è capace di trovare accenti ancora più esaltati e soprattutto assolutamente inconsueti. Ha una sorta di visione alla Pellizza da Volpedo: lui, Luigi, che "incede" col picciliddro in testa, e appresso i sofferenti, gli storpi, i reietti della terra in colonna darrè a lui.

Propositi di palingenesi mistico-sociale che gli dureranno poco e che non troveranno riflesso in quello che va intanto scrivendo. Ma di una cosa è assolutamente certo: quel figlio, Stefano, mai in nessun momento dovrà sentirsi un figlio cambiato, sarà un tutt'uno non solo con la sua persona, ma con i suoi pensieri, le sue idee. Ecco, quel compagno di strada sulla difficile via dell'Arte che sua moglie Antonietta non ha saputo essere, lo diventerà di sicuro questo figlio. Certo, Luigi sa benissimo che senza gli interessi che don Stefano mensilmente gli spedisce, non sarebbe in grado di sostenere da solo il peso della famiglia: pensava di poter pagare la levatrice con il ricavato della pubblicazione di due novelle e invece gliene stampano una sola. E certe volte, malgrado quello che frutta la dote di Antonietta, il denaro non basta mai.

Questo maledetto danaro sarà sempre il chiodo della mia vita... È un avvilimento! E ho il tavolino ingombro di manoscritti, che mi potrebbero togliere d'imbarazzo! Ma non c'è un cane d'editore che voglia dare un soldo... Venderei per quattrocento lire al più minchione dei diavoli l'anima mia! Peccato, che sia passato il tempo in cui i diavoli eran così minchioni di barattare un'anima che non val nulla per tutti i tesori e i piaceri del mondo e della vita! Volentieri io avrei fatto un contratto simile, e l'avrei segnato, come di prammatica, col sangue delle mie vene. Tanto, che vale l'anima mia? Neppure un soldo, dicon gli editori d'Italia.

Sul finire del 1895, Calogero Portolano se ne viene con una imprevista alzata d'ingegno: rivuole indietro i soldi della dote, sostenendo che don Stefano sta facendo speculazioni sbagliate che manderanno in fumo i quattrini della figlia. Anche se da lì a qualche anno i sospetti di Portolano si riveleranno più che fondati, egli non ha nessun titolo per riavere indietro la dote. Luigi esplode.

Questo schifoso tipo di volgarissimo assassino avvelena il latte che Antonietta dà a mio figlio!

Però il padre di Antonietta non insiste nella sua richiesta e Luigi lascia che don Stefano continui ad amministrare la dote.

Nel giugno del 1897 nasce la figlia femmina, Lietta, nella nuova casa di via Vittoria Colonna dove nel frattempo i Pirandello si sono trasferiti. Lietta sarà amatissima dal padre e con lei Luigi avrà un tormentato rapporto.

Le cose con Calogero Portolano paiono riaggiustate, tanto che Luigi, Antonietta e i piccilìddri vanno a passare qualche estate a Girgenti, in contrada Bonamorone, dove c'è la casa di campagna dei Portolano. Naturalmente il rapporto di Luigi col suocero è freddamente formale, macari se ogni tanto si lascia andare a qualche sottile pigliata in giro, tanto sottile che Calogero manco se ne accorge.

L'ESTATE DEL '99

Nel giugno del '99 nasce l'ultimo figlio della coppia, Fausto. Tutti i figli di Luigi e Antonietta sono nati nello stesso mese. E come capita da quando si sono maritati, Antonietta vuole tornare in Sicilia e passare l'estate nella casa di campagna del padre, a Bonamorone. Non nella casa di campagna dei Pirandello al Caos. Macari se con il padre e con i fratelli non è che ci si trovasse perfettamente a suo agio, pure la signora vuole stare con i suoi. È una specie di rivalsa più o meno inconscia nei riguardi del marito che, a Roma, preferisce la compagnia di amici coi quali lei non sa e non può avere nessun rapporto. Ecco: che il marito, a Bonamorone, in quotidiano contatto col suocero e i cognati, patisca un minimo di quello che lei patisce a Roma. Luigi, che forse intuisce le ragioni della moglie, si sobbarca a un viaggio lungo e faticosissimo, in treno da Roma a Napoli, col postale da Napoli a Palermo, in carrozza da Palermo a Girgenti, reso ancora più insopportabile per il càvudo e per la presenza dei figli nicareddri e si arma di santa pacienza per portare a termine il soggiorno a Bonamorone senza grossi contrasti con lo *schifoso* suocero.

Come si usava all'epoca, prima di tornarsene a Roma, i Pirandello girano tra Girgenti e Porto Empedocle per la cerimonia dei saluti. Ogni visita, il giorno avanti, era preceduta dall'arrivo di una cammarera la quale pronunziava la frase di rito:

"Ci dugnu parti ca dumani doppupranzu versu li cincu, la signura 'Ntunietta Pirinnello vulissi vìniri a truvari la patruna di casa accumpagnata di so' maritu".

Ottenuta via libera, l'indomani dopopranzo alle cinque la visita veniva fatta. Così capitò con la famiglia Fragapane in quei primi giorni del settembre del '99. Il signor Fragapane non c'era, era dovuto correre a Caltanissetta, dove possedeva una miniera.

Luigi accompagnò la moglie a casa Fragapane e quindi andò a cercare il suo amico Giuseppe (Pepè) Malato, da sei anni sindaco di Porto Empedocle. Scrisse uno storico empedoclino:

"Di temperamento fuori dall'ordinario, egli dovette avere un suo fascino particolare che esercitò, oltre che sulle belle donne, anche nei confronti delle autorità di Pubblica Sicurezza, Carabinieri e Prefetti di Girgenti i quali, nonostante le sue burrascose vicissitudini coniugali ed extraconiugali, i suoi duelli, le sue disavventure finanziarie, non fecero altro che proporlo per tutta una serie di onorificenze cavalleresche elencando gli indubbi meriti che ebbe nel rappresentare il nostro paese a Roma ed anche all'estero. Il popolo gli volle sempre bene".

Pepè, ogni volta che andava a Roma (e bisogna dire che coglieva il minimo pretesto per andarci) si recava a trovare Luigi, il quale se la scialava a sentire il racconto delle sue spregiudicate imprese. Da una di queste imprese cavò fora un atto unico, che intitolò col nome del protagonista, *Cecè* e non *Pepè* come avrebbe dovuto essere, per discrezione verso l'amico.

Intanto la signora Fragapane nota che Antonietta è stranamente mutànghera e quasi sgarbata. Si è portata appresso Fausto che dorme e che è stato messo su un lettino in un'altra càmmara. Nel salotto, Antonietta s'adduna che c'è un bel pianoforte nuovo: senza spiare nessun permesso, si susi dal divano, alza il coperchio dello strumento, scopre i tasti mettendo da parte la striscia di velluto arriccamato che li ricopre, s'assetta e piglia a suonare. La signora Fragapane tenta d'intavolare una discurruta qualsiasi, ma quella nenti, pare che manco la sente, continua a suonare. Ogni tanto però la melodia s'interrompe, Antonietta si mette quasi a picchiare i tasti con raggia, prosegue così per tanticchia poi ritorna a suonare un tema riconoscibile. La signora Fragapane comincia a preoccuparsi, le spia se desidera un caffè, un'acqua di zammù, una granita... Nenti, solo quel suono continuo, ora normale ora fatto di note straziate e strazianti. Non sa che fare. Fortunatamente in quel momento rientra il marito da Caltanissetta e la signora l'informa subito di quello che sta capitando. Il signor Fragapane allora si precipita alla cerca di Luigi, ma non gli è facile trovarlo, l'hanno visto che passiava al porto col sindaco. Finalmente lo vede, l'avverte e se lo porta a casa. Qui Luigi piglia una seggia e s'assetta allato alla mogliere, principia a parlarle a voce bassa, i signori Fragapane hanno l'impressione che Luigi agisca come se in quella situazione ci si fosse già trovato e sapesse che dire e che fare. Però a risolvere la situazione è il pianto di Fausto dall'altra càmmara, il picciliddro si è arrisbigliato e vuole mangiare. Antonietta, seguita da Luigi, va nella càmmara per allattare e si serra la porta darrè. I Fragapane si talìano allibiti, non sanno che fare. Poi la porta si riapre, Luigi saluta imbarazzato e se ne va con Antonietta che si stringe al petto il picciliddro e non apre la bocca manco per dire bongiorno.

Questo momentaneo sfaglio di Antonietta (altri ce ne saranno) viene attribuito alla debilitazione della fìmmina in seguito ai parti, tre in quattro anni, e all'allattamento. Tutti ignorano che si tratta invece di qualcosa di assai più grave. Ma la gravità della malattia della moglie Luigi l'ha capita da tempo, solo che non ne ha fatto parola con nessuno, se non col padre e già nel febbraio dell'anno avanti.

Quel che io, senza mai darlo a vedere, ho sofferto in questi anni di matrimonio, in compagnia d'una donna incapace d'intendermi e di sentire elevatamente, nessuna lingua umana potrebbe esprimere. Pure, contenendo e domando ogni impeto naturale, mi son sempre forzato a rialzarla fino a me…

Luigi ancora non vuole usare le parole giuste, ma è come un mettere le mani avanti, uno scarico di responsabilità davanti a quello che è molto probabile che accada: la trasformazione della fragilità psichica di Antonietta in forme d'esplicita paranoia.

E certamente non si tratta di *rialzare* quella povera donna alla sua altezza, ma di portarla lontana il più possibile da quel ciglio di sbalanco sul quale lei si tiene in equilibrio e dentro il quale ogni giorno di più minaccia di precipitare.

IL PROFESSORE

Dello stesso febbraio '98 nel quale scrive al padre dicendogli del difficile rapporto con Antonietta, è una lettera indirizzata all'amico Ugo Ojetti.

I manoscritti miei (e son già tanti!) rimangono dentro al cassetto della mia scrivania. Me ne dolgo da un canto; dall'altro, mi consola di tanto in tanto il vedere che, pur chiusi così, non invecchiano. E sai perché? Ognuno cerca di far suo un dato tempo, imponendogli il berretto gallonato della propria signoria. Ma la servitù del tempo dura poco: morto il padrone, esso butta il berretto. L'imposizione è temporanea. Nell'arte, il tempo appartiene all'eternità. Non è tuo, né mio, di questo o di quel sistema. Chi vuole si lusinghi di far suo il tempo che è pur mio e di tutti e di nessuno. Io lascio fare. So che l'arte vera *non ammette monopolii, né privative.*

Luigi sente insomma che l'accoglienza del mondo letterario agli scritti che tuttavia va pubblicando dovrebbe essere diversa, ma egli ha tranquilla, serena coscienza del valore della sua opera destinata a durare nel tempo.

D'altra parte, l'assillo della mancanza di denaro si è fatto meno pressante. Nel 1897 ottiene l'insegnamento all'Istituto Superiore di Magistero femminile, del quale era direttore il poeta Giuseppe Aurelio Costanzo, siracusano. Luigi insegnerà "Linguistica e stilistica, precettistica e studio dei classici greci e latini nelle migliori versioni".

Certo, è un passo indietro rispetto alla sua determinazione iniziale di vivere come un "letterato in carriera", ma i proventi dell'insegnamento vanno a irrobustire gli interessi mensili della dote di Antonietta così da permettergli di dedicarsi alla scrittura senza il rumore di sottofondo, il disturbo, la preoccupazione del bisogno.

Su Pirandello professore non credo si sia scritto molto. Esiste la testimonianza di una sua scolara degli anni 1916-17, Maria Alajmo, che di Pirandello fu allieva prediletta.

La Alajmo svolse il tema d'ammissione, "Un luogo a voi caro per bellezza o per memorie che vi ridesti", incentrandolo su Girgenti, dove era nata e aveva studiato prima che suo padre, Libertino, oculista di fama e amico di Pirandello, si trasferisse a Roma. A Luigi il tema piacque assai. E da allora ebbe rapporti quasi domestici con la Alajmo, tanto da presentarla, molti anni dopo, all'attrice Marta Abba con queste parole: *Ecco una delle alunne più intelligenti che ho avuto al Magistero.*

"Leopardi gli era caro, specialmente lo *Zibaldone*. Quando parlava del Leopardi, assumeva sia nell'atteggiamento, come anche nel tono, nella tonalità delle parole, qualche cosa di... che potremmo oggi definire un atteggiamento romantico, di risonanza. Ricordo come sapeva mettere in rilievo alcuni appunti leopardiani, di poesie, del Leopardi stesso, che si trovano nello *Zibaldone*.

"Quando, poi, in certi giorni ci faceva fare delle esercitazioni libere era qui che tutta la sua genialità si manifestava. Mai che facesse veramente allusione all'opera sua...

"Però, qualche rara volta, criticando qualche lavoro di qualcuna di noi, accennava sia pur di sfuggita a qualche sua novella; quasi insomma per mettere a confronto certi momenti d'arte come erano stati resi da lui e come, magari infelicemente, da qualcuna di noi. Gli piacevano quelle pagine in cui l'alunna si abbandonasse o ai ricordi o alle espressioni di un suo mondo.

"Odiava tutto quello che era meccanico, tutto quello che era di maniera, tutto quel che alle volte arieggiava il moraleggiante, senza avere realmente risonanza nella vita.

"Qualche volta, però, era chiuso, rigido, magari a quella comprensione umana che era così viva nelle sue novelle, talvolta pareva proprio che gli facesse difetto, come uomo, come professore, come esaminatore, da uomo a uomo, da persona a persona. Era come se su quella cattedra ci stava più per una necessità di vita che non per trasporto suo proprio.

"Anche con gli altri professori suoi colleghi non pareva che dimostrasse molte vive manifestazioni d'amicizia.

Se ne stava sempre un po' appartato. Non che in lui ci fosse della posa, questo no, ma tutto il suo atteggiamento era singolare.

"Anche il modo di vestire, anche il modo di parlare... Si tratteneva nei corridoi coi bidelli. E parlava umilmente con loro.

"Già sempre ogni accenno a persone umili, ogni accenno a spiritualità povere lo accendeva.

"Vestiva, almeno in quel tempo, vestiva quasi sempre di grigio. Molto distinto; del resto, la sua figura slanciata gli conferiva distinzione. Il cappello a larghe tese, il sigaro quasi sempre in bocca, gli occhi sempre un po' socchiusi e lontani.

"Preferiva aiutarsi coi gesti delle mani. Si serviva molto del pollice, come uno scultore quasi..."

Maria Alajmo ha notato che su quella cattedra Luigi talvolta dimostrava di starci, come per un momentaneo abbassamento di guardia, "più per una necessità di vita che non per trasporto suo proprio". Era in effetti così. Eppure a lungo lottò per avere il riconoscimento che gli spettava quale insegnante. Scriveva nel 1908 a Massimo Bontempelli che dopo undici anni d'insegnamento era ancora professore straordinario *senza neppure un soldo di aumento sullo stipendio*. E si era venuto a trovare in una situazione di assurdo gogoliano con la burocrazia ministeriale: se per caso la sua domanda di passaggio all'ordinariato non fosse stata accolta, egli avrebbe dovuto nuovamente concorrere, da straordinario, a un posto di straordinario.

Era molto amato dalle studentesse: "tra le scolare, faceva strage", ebbe a dichiarare la scrittrice Paola Boni-

Fellini che fu sua allieva. Le scolare si facevano belle per lui, si alliffavano, come avrebbe detto Luigi nel suo dialetto.

"Ci voleva tutto il riserbo, la serietà dell'uomo, il suo senso di responsabilità, perché quella lezione non si trasformasse in una corte d'amore."

È sempre la Boni-Fellini a contarci alcuni episodi di questo innamoramento collettivo al quale Luigi reagiva, secondo la testimonianza del figlio Stefano, con aperto fastidio, come quella volta che un'allieva gli scrisse una lettera nella quale sosteneva che si sarebbe ammazzata se il professore avesse continuato a mostrarle indifferenza e Luigi si precipitò in direzione terrorizzato dalla responsabilità o come quell'altra volta che un'allieva principiò a infilargli bigliettini d'amore nelle tasche del cappotto finché Luigi denunziò il fatto dalla cattedra mentre strappava i bigliettini gettandone i pezzi nel cestino. E naturalmente, scrive Giudice, tutta la classe, uscito il professore, s'affrettò a ricomporre i bigliettini.

Questa testimonianza di Paola Boni-Fellini si riferisce ai primi anni d'insegnamento. Vale la pena di ricordarlo con le parole di un'altra allieva, Lucia Pagano:

"... quasi sempre si limitava a demolire con poche, ironiche frasi gli sforzi creativi di noi povere figliole che ci alzavamo tremanti d'emozione a leggere le poche pagine protocollo, riempite con tanta cura nella vana speranza di udire una parola incoraggiante da quelle sue labbra seminascoste tra i baffi e il pizzetto grigio, nell'atteggiamento che gli era abituale, con il gomito poggiato sulla cattedra e la fronte sulla mano, come se fosse sempre stanco, mortalmente stanco...".

E stanco lo doveva essere per davvero, se non riusciva più a nasconderla, la sua stanchezza, se ora commentava i temi delle allieve, anzi li demoliva, con sferzante ironia, se quella mano sulla fronte gli serviva non solo per appoggiarvi la testa ma anche per escludere parzialmente dalla sua vista tutti quei volti di giovani donne che lo taliavano in estasi.

IL MALEDETTO 1903

Le previsioni più nìvure di Calogero Portolano, e delle quali aveva messo a parte Luigi, circa l'avventatezza di certe speculazioni di don Stefano, finiscono per avverarsi tutte.

Don Stefano aveva ottenuto la gestione di una grossa miniera di zolfo nelle vicinanze di Aragona, a pochi chilometri da Girgenti. La miniera, della quale egli aveva rinnovato macchinari e attrezzature mettendoci tutto quello che aveva e macari la dote della nuora, nei primi tempi rese abbastanza bene. Poi s'allagò di colpo (o si incendiavano o si allagavano, per acqua o per fuoco si autodistruggevano provocando morti, rovina, desolazione) e la stima del danno superò le quattrocentomila lire. Era la fine e don Stefano scrisse tutto al figlio. Senonché la lettera, essendo Luigi a scuola, venne consegnata ad Antonietta la quale, come abitualmente faceva, riconosciuta la grafia del suocero, l'aprì e la lesse.

Qualche ora appresso Luigi, tornando a casa, trovò Antonietta semiparalizzata sopra una poltrona, gli occhi persi, distrutta. È l'inizio dichiarato di quella malattia mentale che avrà, nei primi anni, alti e bassi, ma che peggiorerà col passare del tempo.

Quando si leggono brevi note biografiche di Pirandello, immancabilmente a un certo punto viene detto che Antonietta impazzì a causa della perdita della dote dovuta a speculazioni sbagliate del suocero. Certo, la cosa sta essenzialmente così, ma riducendo il tutto all'essenziale si finisce coll'imprimere nella testa del lettore non tanto provveduto l'immagine di una donna tanto attaccata al denaro da nèsciri fora di testa appena quel denaro perde.

Se la vita matrimoniale non era certo diventata felice per Luigi, ancor meno lo era diventata per Antonietta. Luigi con lei non parlava del suo lavoro di scrittore perché non la riteneva alla sua altezza ed è da presumere che manco le dicesse dei problemi che incontrava nell'insegnamento. Quando tornava a casa si metteva a scrivere, a correggere temi e qualche volta riusciva per andare a trovare gli amici. Se, come madre, Antonietta aveva da badare a tre picciliddri nicareddri, come donna viveva in una solitudine estrema, in una sorta di confino che certamente aggravava la sua fragilità nervosa e della quale la crisi durante l'allattamento di Fausto era stata una spia forse sottovalutata da tutti a cominciare proprio dal marito.

Il collante che reggeva la sua identità di moglie era proprio la rendita della dote: attraverso di essa Antonietta giornalmente affermava la sua presenza, il suo esserci, era lei che garantiva il pane quotidiano per tutti e, in fin dei conti, permetteva al marito scrittore la possibilità di continuare a scrivere.

Mancando quella rendita, la sua funzione all'interno

della famiglia viene a ridursi dentro il margine esiguo della cura dei figli rispettivamente di otto, sei e quattro anni (che ora, senza denari, diventa oltretutto un grosso problema). Scomparso il suo "valore" (proprio in senso commerciale, su queste basi era stato impiantato il matrimonio), lei non è che un peso morto agli occhi del marito. E la paralisi non è altro che la concretizzazione di quella metafora.

E Luigi? Con amarezza deve farsi persuaso che della catena al collo solo apparentemente era riuscito a liberarsi, c'era, continuava a esserci eccome! È bastato un improvviso strattone della catena dalla quale credeva d'essersi affrancato per soffocarlo. Ancora una volta il padre torna a fargli danno, e questa volta non ci sono vie d'uscita. Il figlio cambiato deve ricominciare tutto daccapo. Nei giorni che seguono immediatamente a quella botta, pensa seriamente d'ammazzarsi. Vorrebbe mettere in atto un suicidio ragionato, mirato. Scomparso lui, Antonietta e i figli se ne potranno tornare a Girgenti dove Calogero Portolano dovrà necessariamente provvedere a loro. Quasi subito però, quando gli amici vengono a conoscenza delle sue difficoltà, riceve da loro concreta solidarietà. Egli dà notizia del mutamento drammatico della sua situazione economica ad Angiolo Orvieto in questi termini:

Io, purtroppo, caro Angiolo, non solo non voglio *riposarmi, ma non* posso, *non* posso *più. Sappi che da circa un anno le condizioni finanziarie della mia famiglia, per un'improvvisa sciagura, non sono più quelle di prima. Una grande zolfara, che dava a mio padre e a tutti noi l'agiatezza, s'è allagata, e l'allagamento ha prodotto danni per più di quattrocento mila lire. La sciagura non è del tutto irrimediabile.*

Mio padre ha già speso in un anno circa duecento mila lire per la costruzione d'un acquedotto e d'un piano inclinato. Ora la zolfara comincia a votarsi, ma ci vorrà per lo meno un altr'anno, prima che si riprenda l'estrazione del minerale. Intanto io son rimasto... con tre figliuoli e la moglie... immagina tu in quale stato! Il misero stipendio di professore straordinario all'Istituto Superiore mi basta appena per pagar la pigione di casa. Bisogna che m'ajuti con le mani e coi piedi, per guadagnare, scrivendo. È una terribile prova, amico mio! inattesa!

Tu sai che da parecchi anni presto al "Marzocco" gratuitamente la mia collaborazione. Figurati con che cuore vorrei seguitare a mandar di tanto in tanto qualche novella. Ma... te l'ho detto, ne avevo una, e per venticinque *lire l'ho mandata a un altro giornale!*

Io non voglio assolutamente obbligare Adolfo: tu m'intendi! Se egli volesse, io potrei impegnarmi, per lo stesso prezzo, anche a mandargli una novellina al mese, cominciando da questo gennajo... Ah se sapessi quanto soffro a scriverti così...

La risposta di Adolfo Orvieto, fratello di Angiolo e direttore della rivista, è immediata, non solo paga con tremila lire le novelle che Luigi aveva pubblicato senza compenso, ma aumenta a trenta lire la retribuzione di ogni racconto. La rivista la "Nuova Antologia" gli apre le porte. Egli stesso piglia la decisione di dare lezioni private d'italiano ad allievi stranieri e di tedesco ad allievi italiani. Chiede ed ottiene di essere inviato fuori Roma come commissario d'esami perché può mettere qualcosa da parte con le trasferte.

Ricco jeri, oggi povero. E non so
com'ita se ne sia tanta ricchezza.
Non del tesor perduto è l'amarezza;
ma il non saper come perduto io l'ho.

Nessun piacer, nessuna gioja, ahimè,
la cui memoria avrebbe almen potuto
consolar la miseria e il viver muto,
o dello stato mio dirmi il perché.

Come dunque ridotto mi son qui?
Con la ricchezza mia potea far tanto,
e nulla ho fatto, e son povero intanto...
L'ho sperduta in ispiccioli, così...

Non l'opera che dia lustro a un'età,
né la gioja ch'empir possa una vita.
Dunque tanta ricchezza m'è servita
per comperarmi questa povertà.

Però, se è vero che la strattonata l'ha quasi soffocato per la violenza e soprattutto per l'imprevedibilità, è anche vero che, con quella strattonata, la catena si è irreparabilmente rotta. Quell'ultimo legame che lo teneva alla famiglia non esiste più, adesso è veramente il figlio cambiato che deve farsi la sua strada e con l'unica, autentica ricchezza che possiede: la scrittura.

E proprio in quei giorni Giovanni Cena, direttore della "Nuova Antologia", gli chiede un romanzo da pubblicare a puntate sulla rivista. Per invogliarlo, gli spedisce un anticipo di mille lire. Non ce ne sarebbe stato bisogno. Nei momenti liberi dalle lezioni pubbliche e private, Luigi, buttato a pancia sotto sul letto allato alla moglie che non può cataminarsi, si getta alla disperata a scrivere una storia che deve inventarsi pagina appresso pagina.

La finisce nel novembre dello stesso anno: e mentre la comunica all'amico Orvieto gli offre novelle e poemetti per "Il Marzocco". Non può permettersi un momento di fermo.

Il romanzo esce sulla "Nuova Antologia" tra l'aprile e il giugno 1904, poi viene pubblicato in volume lo stesso anno. È un successo immediato, il riconoscimento tanto a lungo aspettato e desiderato.

E di questa insperata accoglienza dà pronta notizia all'amico Orvieto.

Ancora in corso di stampa, è stato chiesto per la traduzione francese da Henry Bigot, che lo pubblicherà probabilmente su la "Revue de Paris" e poi in volume; e anche dalla Germania mi è stato chiesto dalla signora Nina Knoblich, che ha già tradotto parecchie mie novelle.

Senonché Matilde Serao, la quale voleva che un suo libro venisse pubblicato sulla "Revue de Paris", tentò in tutti i modi di convincere Ganderax, direttore della rivista, a preferire il suo romanzo a quello di Pirandello. Ganderax, che aveva già detto di sì a Bigot, si venne a trovare in una situazione dalla quale non sapeva come cavarsela.

Il conte Primoli s'incaricò di fare da mediatore e fece sì che il romanzo di Luigi venisse prima pubblicato su "L'Écho de Paris" e poi stampato in volume dall'editore Calmann-Lévy. Pirandello accettò di malavoglia. Andò assai meglio con la Germania: stampato dalla rivista più diffusa a Vienna, a Pirandello fu inviato un anticipo di seicento marchi, una cifra assai consistente.

Il romanzo era *Il fu Mattia Pascal.*

Nel periodo che intercorre tra la pubblicazione del romanzo sulla "Nuova Antologia" e la stampa in volume, su un importante quotidiano milanese appare in cronaca la notizia della "dipartita"del marchese di Chignolo, Luigi Cusani. Poiché questo nobile è persona di una certa notorietà, il giorno appresso il quotidiano pubblica una sfilza di necrologi. Senonché dopo appena una decina di giorni si scopre che il marchese è ben vivo e che la finta morte è stata da lui stesso organizzata molto probabilmente per sfuggire ai creditori.

Recensendo sull'"Illustrazione Italiana", nel novembre del 1904, il romanzo di Pirandello, il Conte Ottavio, pseudonimo di Ugo Ojetti, ricorda la fallita sparizione del marchese Cusani:

"Ora appena da un mese è uscito un romanzo di Luigi Pirandello, ricco d'avventure, di dolce filosofia e d'umorismo, intitolato *Il fu Mattia Pascal*. È la storia di un marito disgraziato che un giorno, fuggito per disperazione dalle unghie della suocera e della moglie e arricchitosi impensatamente alla roulette di Montecarlo, sulla via del ritorno legge in un giornale la notizia del proprio suicidio, cioè del suicidio d'uno che tutti prendono per lui e che l'affettuosa suocera giura di riconoscere. Mattia Pascal n'è beato, si fa le esequie in pectore, si battezza Adriano Meis e ricomincia allegramente una nuova vita, senza suocera e senza moglie. Il signor Cusani non potrebbe aver letto questa storia e tentato di far concorrenza a Mattia Pascal con un metodo più semplice e diremo più moderno, l'annunzio in quarta pagina? Da qualunque parte gli sia venuta l'idea essa è un grazioso segno dei tempi. Gli uomini non s'annojano più di vivere ma di vedersi vivere, e cercano in tutt'i modi, dalla mutazione di nome al finto suicidio, per guardarsi morire e risuscitare. Cinquant'anni fa, in pieno romanticismo, l'uomo 'pallido e fatale' s'ammazzava per divertimento e magari per curiosità; l'uomo moderno giunto alla sazietà totale annunzia d'esser morto. Il progresso è in favore della vita: ammiriamolo".

Se al marchese Cusani l'idea della messinscena della finta morte nacque dalla lettura delle pagine di Pirandello, egli commise un errore di fondo: credendo cioè d'ispirarsi a un racconto di fantasia, ritenne che la scoperta della verità, vale a dire che la sua morte era finta, sarebbe stata possibile solo attraverso un'indagine in grado di ricalcare le orme della fantasia. Cosa quasi impossibile per le questure del Regno.

Ignorava che *Il fu Mattia Pascal* non era un'opera di fantasia, bensì, da una parte, una sorta di soluzione possibile alla terribile contingenza nella quale la sorte aveva costretto l'autore e, dall'altra, una specie di diario di un fatto già accaduto.

In altri termini, la trasformazione di Mattia Pascal in Adriano Meis altro non è che il procedimento, qui opportunamente romanzato, della morte del fu Luigi Pirandello figlio di Stefano e della sua rinascita, finalmente, come Luigi Pirandello, figlio cambiato e quindi senza una reale paternità.

Forse scrivere come ho scritto, "una sorta di diario", è eccessivo. Meglio usare alcuni passi dell'analisi testuale di Giuditta Rosowsky.

"Un titolo formato da un nome proprio preceduto dal segno della morte e dell'assenza, un romanzo scritto in prima persona, segno della presenza: nel gioco di rinvii che crea questo primo rapporto per il lettore, si modulano gli interrogativi sull'intreccio del racconto e sul significato della scrittura. Scrittura come gesto di una vita che si compie nel libro, scrittura come lavoro di ricostruzione e di ripensamento, se la particella 'fu' sta a indicare una modifica nel personaggio, scrittura come ripetizione; quale ne sia la funzione, il problema dell'autobiografia sta qui, nella relazione che corre tra due situazioni narrative e due livelli distinti il cui interferire disegna la configurazione del testo."

Il romanzo, da qualche critico, viene accusato d'essere tanto inverosimile da cadere nell'assurdo. Pirandello se ne risente e nelle edizioni che vengono fatte del romanzo dal 1921 in poi, aggiunge una *Avvertenza sugli scrupoli della fantasia* nella quale mette a iniziale difesa due fatti di cronaca, scrupolosamente citandone le fonti. Il primo è la storia del signor Albert Heintz di Buffalo che aveva un'amante ventenne e una moglie e non sapeva risolversi a favore dell'una o dell'altra. Allora fa la bella pensata di convocare le due donne e discutere con loro la situazione. L'incontro assume ben presto toni da tragedia tanto che i tre pervengono alla conclusione di suicidarsi. La signora Heintz, femmina di parola, torna a casa e si spara. Il marito sta per fare lo stesso quando realizza che, scomparsa la moglie, è venuto a cadere ogni ostacolo al suo amore per la ventenne. E così i due si sposano e sarebbero vissuti felici e contenti se non fosse intervenuta la polizia portando la storia a una *conclusione volgarissima*.

L'altro fatto di cronaca si poteva leggere nel "Corriere della Sera" del 27 marzo 1920 ed era intitolato, abbastanza pirandellianamente, *L'omaggio di un vivo alla propria tomba*. Lo trascrivo da Pirandello.

Un singolare caso di bigamia, dovuto all'affermata ma non sussistente morte di un marito, si è rivelato in questi giorni. Risaliamo brevemente all'antefatto. Nel reparto Calvairate il 26 dicembre 1916 alcuni contadini pescavano dalle acque del canale delle "Cinque chiuse" il cadavere di un uomo rivestito di maglia e pantaloni color marrone. Del rinvenimento fu dato avviso ai carabinieri che iniziarono le investigazioni. Poco dopo il cadavere veniva identificato da tale Maria Tedeschi, ancor piacente donna sulla quarantina, e da certi Luigi Longoni e Luigi Majoli, per quello dell'elettricista Ambrogio Casati di Luigi, nato nel 1869, marito della Tedeschi.

In realtà l'annegato assomigliava molto al Casati.

Quella testimonianza, a quanto ora è risultato, sarebbe stata alquanto interessata, specie per il Majoli e per la Tedeschi. Il vero Casati era vivo! Era, però, in carcere ancora dal 21 febbraio dell'anno precedente per un reato contro la proprietà e da tempo viveva diviso, sebbene non legalmente, dalla moglie. Dopo sette mesi di gramaglie, la Tedeschi passava a nuove nozze col Majoli, senza urtare contro nessuno scoglio burocratico. Il Casati finì di scontare la pena l'8 marzo del 1917 e solo in questi giorni egli apprese di essere... morto e che sua moglie si era rimaritata ed era scomparsa. Seppe tutto ciò quando si recò all'Ufficio di anagrafe in piazza Missori, avendo bisogno di un docu-

mento. L'impiegato, allo sportello, inesorabilmente gli osservò:

«Ma voi siete morto! Il vostro domicilio legale è al cimitero di Musocco, campo comune 44, fossa n. 550...».

Ogni protesta di colui che voleva essere dichiarato vivo fu inutile. Il Casati si propone di far riconoscere i suoi diritti alla... resurrezione, e non appena rettificato, per quanto lo riguarda, lo stato civile, la presunta vedova rimaritata vedrà annullato il secondo matrimonio.

Intanto la stranissima avventura non ha punto afflitto il Casati: anzi si direbbe che l'ha messo di buon umore, e, desideroso di nuove emozioni, ha voluto far una capatina alla... propria tomba e come atto di omaggio alla sua memoria, ha deposto sul tumulo un fragrante mazzo di fiori e vi ha acceso un lumino votivo!

Così commentava la notizia Pirandello, sempre in rapporto alle accuse d'assurdità e d'inverosimiglianza che erano state mosse al romanzo:

Il presunto suicidio in un canale; il cadavere estratto e riconosciuto dalla moglie e da chi poi sarà secondo marito di lei, il ritorno del finto morto e finanche l'omaggio alla propria tomba! Tutti i dati di fatto, naturalmente senza tutto quell'altro che doveva dare al fatto valore e senso universalmente umano.

Non posso supporre che il signor Ambrogio Casati, elettricista, abbia letto il mio romanzo e recato i fiori alla sua tomba per imitazione del fu Mattia Pascal.

La vita, intanto, col suo beatissimo dispregio d'ogni verosimiglianza, poté trovare un prete e un sindaco che unirono in matrimonio il signor Majoli e la signora Tedeschi senza curarsi di conoscere un dato di fatto, di cui pur forse era facilissimo aver notizia, che cioè il marito signor Casati si trovava in carcere e non sottoterra.

La fantasia si sarebbe fatta scrupolo, certamente, di passar sopra a un tal dato di fatto; e ora gode, ripensando alla taccia di inverosimiglianza che anche allora le fu data, di far conoscere di quali reali inverosimiglianze sia capace la vita, anche nei romanzi che, senza saperlo, essa copia dall'arte.

In conclusione:

Le assurdità della vita non hanno bisogno di parer verosimili, perché sono vere. All'opposto di quelle dell'arte che, per parer vere, hanno bisogno d'esser verosimili... tacciare d'assurdità e d'inverosimiglianza, in nome della vita, un'opera d'arte è balordaggine.

Perfettamente condivisibile. Solo che Pirandello, nello scegliere accuratamente quei due banali fatti di cronaca, opera una sorta di depistaggio per omissione. Infatti le coincidenze tra le notizie di cronaca e il romanzo sono così superficiali da risultare tanto accettabili quanto irrilevanti. Il vero punto d'interesse è da Pirandello accuratamente omesso. Nel primo caso: la signora Heintz s'ammazza e gli altri due scoprono l'inutilità del loro suicidio. Se al posto della signora Heintz si fosse ammazzata la giovane amante, i coniugi si sarebbero riappacificati. A guadagnarci, trovando comunque e sempre una sua personale soluzione al problema, sarebbe il signor Albert Heintz. Perché interviene la polizia? Perché sospetta da parte del marito e della giovane amante un colossale inganno verso la moglie, istigandola al suicidio. È questo quello che conta, è questo il vero dato di fatto.

Altra grave omissione nel secondo fatto di cronaca:

qual era il grado di autenticità, di sincerità della Tedeschi e del Majoli nell'identificare come quello di Ambrogio Casati il cadavere ritrovato nel canale? Approfittarono di una singolare rassomiglianza? E perché non spingere il pedale sino in fondo ipotizzando che la Tedeschi e il Majoli, amanti, crearono tutte le condizioni (omicidio di uno sconosciuto compreso) perché si verificasse il finto riconoscimento?

Ma Pirandello su questi elementi non vuole insistere, colta a volo nella notizia del "Corriere" la frase "senza urtare contro nessuno scoglio burocratico", tira in ballo preti e sindaci, Chiesa e Municipio, rei d'aver reso possibile, avallato, un errore. Proprio attraverso gli esempi che porta, Pirandello sembra voler ridurre a "tragedia dello stato civile" (come sprezzantemente venne definito un dramma) il senso del suo romanzo, porre insomma dei limiti, dei paletti a una più libera lettura.

Jean-Michel Gardair, nel suo *Pirandello e il suo doppio*, del 1972, considera *Il fu Mattia Pascal*, "certamente la *summa*, insieme tematica e strutturale, delle figure del doppio che l'opera narrativa di Pirandello mette in gioco".

E, risalendo indietro nel tempo nella vita dell'autore, afferma che:

"L'esistenza di Pirandello, cioè, è tutta interamente votata al doppio, ma secondo due ordini di esperienze radicalmente opposte. Le prime puramente riflessive e passionali, per non dire passive, all'interno d'una coscienza, volta a volta, lacerata dalla propria molteplicità, murata nella sua solitudine o alienata nei confronti degli altri; le altre, volontarie e positive, che mirano sia a negare che invertire le precedenti.

"Pirandello fece, fin dall'adolescenza, l'esperienza dello sdoppiamento interiore".

Ecco, questo è sostanzialmente il punto.

Siamo convinti che il giovane Luigi non abbia mai fatto l'esperienza di uno sdoppiamento interiore. Il *gran me* e il *piccolo me*, citati a riprova da Gardair, non sono che un diffuso gioco infantile adoperato in modo contorto da Luigi nei riguardi di Antonietta; personalmente ho avuto a che fare con una bambina che spesso vedeva un "o" piccolo che le parlava e talvolta, nella discussione, interveniva anche un "O" grande. Almeno fino a quel momento (perché poi il problema del doppio si porrà), il dramma di Luigi è stato proprio quello del figlio cambiato. Un dramma di nome anagrafico, ma non di nome sostanziale. Un dramma della non appartenenza.

In questa direzione, e assai più acutamente, Nino Borsellino in *Ritratto di Pirandello*, dopo aver ricordato i possibili antecedenti del romanzo nella *Bufera* di Edoardo Calandra e, con maggiore aderenza, nel *Redivivo* di Emilio De Marchi, così scrive:

"In realtà la giustificazione più profonda della narrazione autobiografica è anticipata nel primo capitolo dove è messo subito in evidenza il tema dell'identità: *Una delle poche cose, anzi la sola ch'io sapessi di certo era questa: che mi chiamavo Mattia Pascal. E me ne approfittavo.* Il nome era un tempo per il protagonista l'unica certezza, e lo ripeteva a sé e agli altri per riconoscere almeno... la sua presenza. Ma già allora, prima che s'iniziasse la sua avventura, poteva constatare la sua assenza dalla realtà, la sua impossibilità di riconoscersi come persona...".

Già, dire "Mi chiamo Luigi Pirandello" non è lo stesso che dichiarare "Io sono Luigi Pirandello".

A proposito di identità. Leonardo Sciascia, nel suo *Alfabeto pirandelliano*, dedica una "voce" a Ivan Il'ič Mosjoukine, l'attore russo naturalizzato francese, che della riduzione cinematografica del *Fu Mattia Pascal*, diretta da Marcel L'Herbier nel 1925, seppe essere interprete indimenticabile, sicché "tutti i lettori del romanzo che hanno visto il film, forse lo stesso Pirandello, non riuscirono più a ricordare il suo personaggio se non con la figura, i movimenti e le espressioni di Mosjoukine". E aggiunge: "Dopo questo film, la vita di Mosjoukine, già sufficientemente pirandelliana, lo diventa del tutto". Ma in che senso? Sciascia parla di problemi d'identità e, quasi a riprova, elenca le interpretazioni dell'attore, dal *Cadavere vivente* di Tolstoj a Casanova. Ma, su questa linea, ci sarebbero da aggiungere il *Kean* di Dumas e la *Danza macabra* di Volkoff, storia di un direttore d'orchestra che tanto s'immedesima nella *Danza macabra* di Saint-Saëns da impazzire. Ma crediamo che la vita di Mosjoukine sia definibile come pirandelliana proprio nell'essere stato anche lui un figlio cambiato: nato in una nobile e ricca famiglia di proprietari terrieri, dopo aver studiato in collegio e al liceo, venne dal padre iscritto alla facoltà di Legge. Vi studiò per un biennio, poi scappò e andò a fare l'attore. Ebbe un figlio naturale, lo scrittore francese Romain Gary, che dal padre ereditò, aggravandoli, i problemi d'identità fino a morire suicida.

Ma ora, nei giorni in cui viene stampato il romanzo che gli dà fama internazionale, se dovesse scrivere a modo suo, a ragion d'arte, il lontano racconto che a lui piccilid-dro fece la criata Maria Stella, non l'intitolerebbe certamente "favola".

TERZO

L'ORRIDO ABISSO

Dalla mezza paralisi che l'ha pigliata, Antonietta guarisce, macari grazie all'adenzia continua che Luigi le ha prestato, fino al punto di allontanare i figli ancora picciliddri sistemandoli in case di parenti sia per evitare loro di assistere alle scenate sempre più continue che Antonietta gli fa sia perché il suo tempo libero egli possa interamente dedicarlo alla scrittura e all'assistenza della malata. In una lettera del novembre 1906 indirizzata alla sorella Lina, Luigi traccia un fallimentare bilancio della sua vita di figlio cambiato.

A quarant'anni, mezzo calvo, con la barba quasi tutta bianca, perduti gli averi; distrutta la casa; lontano dai figli... La mia sorte è veramente tragica, Lina mia, e per me non c'è scampo. Sono stato colpito nei più sacri affetti, e la vita ha perduto ogni pregio agli occhi miei.

E quindici giorni appresso, evidentemente in risposta alle parole della sorella che l'esortano ad avere speranza, Luigi è drastico.

... quella donna disgraziatissima non può guarire... ho potuto sentire e misurare l'orrido abisso di quell'anima. Non guarirà, non può guarire.

È successo che la pazzia di Antonietta, sempre più incontrollabile, si è incanalata nello stesso greto dei suoi familiari, dei Portolano, nel quale scorre tumultuoso, spesso straripante, il fiume della gelosia. Come facevano i suoi fratelli con lei, quando collegiale usciva in fila la domenica con le compagne e quelli stavano a sorvegliarla per vedere dove posava gli occhi, così adesso è Antonietta a farsi trovare al portone del Magistero aspettando che il marito ne esca finita la lezione e certe volte s'ammuccia, si nasconde per sorprenderlo se Luigi azzarda mezza parola o mezzo sorriso con qualcuna delle allieve le quali, tra l'altro, non sanno trattenersi dal dimostrargli, con taliatine e atteggiamenti, quanto siano prese da lui.

L'UOMO DAL FIORE *Ecco... vede là? dico là, a quel cantone... vede quell'ombra di donna? – Ecco, s'è nascosta!*

L'AVVENTORE *Come? Chi... chi era?*

L'UOMO DAL FIORE *Non l'ha vista? S'è nascosta.*

L'AVVENTORE *Una donna?*

L'UOMO DAL FIORE *Mia moglie, già.*

L'AVVENTORE *Ah! la sua signora?*

L'UOMO DAL FIORE (dopo una pausa) *Mi sorveglia da lontano. E mi verrebbe, creda, d'andarla a prendere a calci. Ma sarebbe inutile. È come una di quelle cagne sperdute, ostinate, che più lei le prende a calci, e più le si attaccano alle calcagna.* (Pausa) *Ciò che quella donna sta soffrendo per me, lei non se lo può immaginare.*

Non mangia, non dorme più. Mi viene appresso, giorno e notte, così, a distanza. E si curasse almeno di spolverarsi quella ciabatta che tiene in capo, gli abiti. – Non pare più una donna, ma uno strofinaccio. Le si sono impol-

verati per sempre anche i capelli, qua sulle tempie; e ha appena trentaquattro anni. (Pausa) *Mi fa una stizza, che lei non può credere. Le salto addosso, certe volte, le grido in faccia: «Stupida!» scrollandola. Si piglia tutto. Resta lì a guardarmi con certi occhi... con certi occhi che, le giuro, mi fan venire qua alle dita una selvaggia voglia di strozzarla. Niente. Aspetta che mi allontani per mettersi a seguirmi a distanza... Ecco, guardi... sporge di nuovo il capo dal cantone.*

È un brano tratto da *L'uomo dal fiore in bocca* e, per quanto i motivi che spingono la moglie del protagonista a seguire costantemente il marito siano del tutto diversi, pure una parte della persecuzione alla quale Luigi era sottoposto avrà stinto in quella situazione scenica. Solo che Antonietta le reazioni di Luigi non se le pigliava sottomessa, senza reagire: tutt'altro, diventava pericolosamente violenta, assugliava il marito con insulti e improperi. E una volta che sorprende Luigi per strada che sta tranquillamente parlando con una sua allieva, insegue i due con l'ombrellino. Certe volte, a pagare per la situazione, sono le allieve stesse che non si spiegano certi scatti d'umore del loro insegnante, certe impietose, anzi incattivite, prese di posizione. Come quella volta che volle ostinarsi a definire copiato da Poe un tema e aspramente rimproverò l'autrice la quale non aveva mai manco lontanamente sentito nominare Poe (e Luigi lo sapeva benissimo). Fedele per nativa vocazione, era costretto dalle circostanze a darne quasi pubblica dimostrazione. Un giorno una giovane donna, abbandonata dal fidanzato che era stato un allievo di Luigi, in preda a una specie di attacco isterico, si spogliò nuda davanti a lui e gli si offrì. Per tutta risposta, Luigi l'aiutò a rivestirsi. L'episodio merita forse una piccola considerazione: quando esso capitò non potevano esserci presenti che i due protagonisti, altrimenti mai la giovane donna sarebbe arrivata a spogliarsi completamente. Allora chi fu a raccontare quella storia? Non certamente la donna che non solo aveva tutto da perdere ma avrebbe anche dovuto ammettere uno smacco al suo fascino femminile. A farla conoscere fu dunque lo stesso Luigi, sempre ammesso che la storia sia effettivamente avvenuta, un poco per autocompiacimento e un poco per crearsi una fama d'incorruttibilità che gli avrebbe risparmiato altri possibili guai con Antonietta.

La quale Antonietta, tra l'altro, a tratti si rendeva conto dello stato in cui si era ridotta. Nella camera da letto, un'altra delle stanze della tortura, per dirla con Giovanni Macchia, c'era una grande fotografia di Antonietta appena maritata. Un giorno lei gli spiò:

«Perché lo tieni ancora qui? Ormai...».

E Luigi, indicando l'immagine nel ritratto fotografico:

«Lo tengo perché lei, e non tu, lei mi ha reso felice».

La pesante battuta (perché oltretutto è come mettere il carico da undici sulla presente devastazione fisica e mentale della moglie) è stata riferita a Gaspare Giudice da una nipote di Antonietta. E c'è da credere che sia autentica, proprio per la buona dose di rancorosa ostilità che contiene.

I giudizi che in quegli anni Luigi dà su don Stefano hanno il tono non del rancore, ma del disprezzo totale. Luigi avrebbe voluto che don Stefano riconoscesse quale debito la dote persa e provvedesse in qualche modo alla sua restituzione; il pensiero di don Stefano era invece che la dote non era stata un prestito, ma era parte integrante del capitale versato per la società e quindi, fallita questa, niente era dovuto a Luigi.

Oltretutto, tra i due litiganti, ci s'intromette il Fisco perché c'è un'imposta consistente, ben ventimila lire, da pagare per la dote di Antonietta, denaro che Luigi non ha mai visto. Luigi si rifiuta di pagare e i suoi mobili vengono sottoposti a pignoramento. La sua esasperazione arriva al massimo.

Quello che io non posso e non potrò mai perdonare a Colui di cui porto il nome non è tanto il danno materiale irreparabile, quanto l'orribile tortura morale che mi ha inflitto per tanti anni, ostinandosi odiosamente a non voler riconoscere come un debito sacro il denaro della dote carpita.

La verità è che don Stefano non ha carpito niente, nel contratto per "l'affare", vale a dire il matrimonio, esplicitamente Luigi sottoscrive che la dote sarà versata nella cassa sociale gestita da don Stefano che provvederà a inviargli mensilmente gli interessi. E poi: perché non ha mai voluto vedere i segnali d'allarme che gli mandava Calogero Portolano?

Ad ogni modo, don Stefano è detto *Colui di cui porto il nome*, non il padre. Un pesante incidente anagrafico, un grave scangio. Come figlio cambiato, manco quel nome vorrebbe più portare.

LA CAMERA DI DORMIRI

Luigi solleva la testa dal foglio che sta cummigliando di parole, deve finire una novella da spedire al "Corriere della Sera", talìa il ralogio da taschino che sta posato allato al calamaro. La mezzanotte è passata da qualche minuto e lui sente di colpo pesargli la stanchizza sopra le palpebre. La luce che manda l'abbajùr, spostato dal comodino sullo scrittoietto, è scarsa, giallùsa, ma così deve essere per non disturbare l'eventuale sonno di Antonietta. Quella che ai primi tempi del matrimonio era una semplice càmmara di dormiri, confortevole e ordinata, ora è un cafarnao. C'è, per esempio, un tavolinetto assistemato dalla parte di lei sul quale ci sono decine di boccette di medicinali, di bustine di rimedi, una spiritera per far bollire l'acqua se per caso, di notte, ci fosse bisogno di preparare un qualche infuso, una qualche tisana. Luigi ci ha portato macari un piccolo scrittoio, dove può travagliare senza sentirsi chiamare a ogni momento, come capitava prima:

«Luigi, dove sei? Che fai?».

«Qua sono. Sto scrivendo.»

«A chi? A qualcuna delle tue fimminazze, eh?»

Così invece Antonietta, se vuole, può susìrisi dal letto senza fare la minima rumorata e andare a vedere, sporgendo la testa da sopra la sua spalla, che cosa il marito sta scrivendo. Ma macari se le parole che ha letto chiaramente non possono essere quelle di una lettera d'amore, certe volte lei diventa ancora più squieta.

«Tu a quelle fìmmine le hai conosciute tutte?»

«Quali fìmmine, 'Ntuniè?»

«Quelle che poi ci scrivi sopra una novella.»

«Ma che ti viene in testa? Sono cose di fantasia. Non esistono!»

«Esistono, esistono.»

«Ma dove, santo Dio?!»

«Nella tua fantasia, lo dicesti tu ora ora.»

Adesso sente che Antonietta è vigliante, è assumata come un'annegata dalla profondità del sonno piombigno dove affonda a tratti e brevemente, ha il respiro pesante. I suoi occhi sono fissi su di lui, non parla, si limita a taliàrlo e Luigi sente proprio darrè il cozzo due punte che lo trapanano. Non può continuare a scrivere in quelle condizioni, sapere che lei lo sta taliàndo con gli occhi sgriddrati lo paralizza. Si alza, si stira perché la posizione l'ha aggrancuto, piglia l'abbajùr, lo rimette sul comodino, si avvia a nèsciri sempre seguito da quello sguardo implacabile.

«Dove vai?»

«Dove vuoi che vado? In bagno, mi spoglio.»

«Doppo vieni? O fai come l'autra volta che te ne calasti dalla finestra e te ne andasti con le fimminazze?»

Non le risponde. Figurarsi! Calarsi di notte da una finestra! Di cosa sarà capace d'accusarlo la prossima volta quella fimmina il cui cervello si macerìa inventandosi storie d'impossibili tradimenti che gli vengono rinfacciati come veramente avvenuti?

In bagno, perde tempo, si spoglia con lentezza, si lava evitando accuratamente di taliàre la sua faccia allo specchio.

«Che fai? Ancora lì sei?»

«Arrivo.»

Non faceva in tempo a infilarsi sotto le coperte. Lei l'afferrava, si stringeva a lui con violenza, disperata *e lo baciava e lo mordeva e gli strappava i capelli* e poi principiava a piangere e tra i singhiozzi, con voce diversa, voleva sapere come aveva amato un'altra, una inesistente altra, alitandogli in volto il suo fiato denso di malata:

Così, è vero? ti stringeva così... le braccia, così? la vita... come te la stringeva... così? così? e la bocca? Come te la baciava? Così?

Lui si abbandonava, si lasciava trasportare dentro quel gorgo con ribrezzo. Ma non poteva fare a meno di lasciarvisi trasportare. Ottenuta la "prova d'amore" Antonietta non si placava. Avrebbe voluto farlo nèsciri da casa senza più forza d'omo per essere certa dell'impossibilità fisica del tradimento. Così come aveva obbligato il marito ad andare in giro coi soldi contati per il tram, in maniera che, se gli fosse saltato qualche firticchio per una fìmmina, non avrebbe saputo come pagarselo.

Poi lei risprofondava nella vischiosa palude del sonno. Luigi invece a lungo s'arramazzava nel letto, ma adascio per non arrisbigliare Antonietta, prima di poter serrare gli occhi.

LA PAZZIA DI MIA MOGLIE SONO IO

Pare impossibile, ma negli anni che vengono appresso la pazzia di Antonietta peggiora. Ne fa testimonianza, tra le altre, una lunga lettera all'amico Ugo Ojetti, datata 10 aprile 1914, che piglia spunto dal rifiuto della "Lettura", supplemento del "Corriere della Sera", di pubblicare a puntate il romanzo *Si gira* (che poi sarà definitivamente intitolato *Quaderni di Serafino Gubbio operatore*). A dargli notizia del rifiuto non è Renato Simoni, direttore della "Lettura", ma lo stesso Albertini, direttore del "Corriere", dilungandosi in giustificazioni e motivazioni che qui non interessano. Per Luigi è una mazzata, contava assai su quello che gli avrebbe reso la pubblicazione.

Mio caro Ugo, non so che dire! La lunga lettera dell'Albertini, sì, cortesissima, rispettosissima, è vero, ma è stato per me in questo momento, Ugo mio, un vero colpo di grazia!

Ti dico il perché... ma già forse da un pezzo ti sarà arrivata agli orecchi la notizia delle mie immeritamente *sciagurate condizioni familiari. Non è vero? Ho la moglie, caro Ugo, da cinque anni pazza. E la pazzia di mia moglie sono io – il che ti dimostra senz'altro che è una vera pazzia – io, io che ho sempre vissuto per la mia famiglia, esclusivamente, e per il mio lavoro, esiliato del tutto dal consorzio umano, per non dare a lei, alla sua pazzia, il minimo pretesto d'adombrarsi. Ma non è giovato a nulla, purtroppo; perché nulla può giovare! I medici hanno dichiarato che è una forma irrimediabile di paranoja, del resto ereditaria nella sua famiglia.*

Non ti darei l'afflizione di sentire direttamente da me queste notizie, mio vecchio amico, se la disgrazia che mi capita adesso con l'Albertini non avesse qualche attinenza con essa.

Intenderai facilmente, che per quanto io guadagni lavorando in queste condizioni, *per quanto ella, mia moglie, abbia di suo un discreto reddito, non c'è denaro che basti: tutto quello che entra è subito ingojato, divorato dal disordine che regna in casa da sovrano assoluto e con in capo il berretto a sonagli della follia.*

Non ho una casa solo, un inferno solo; ma due case, due inferni: uno qua, a Roma, l'altro a Girgenti; e due e tre volte l'anno mi tocca portare dall'uno all'altro inferno la fami-

glia, i miei tre poveri figliuoli appresso la loro mamma, che va smaniosamente inseguendo la sua ragione senza poterla trovare in alcun luogo. Crede ora di trovarla qua, e sta un mese o due a Roma; non la trova, e se ne riscappa laggiù. Ora è qua con me; ma lunedì, proprio lunedì venturo partirà di nuovo per la Sicilia: ha già i bauli pronti, e mi toccherà andarla a lasciare a Girgenti con uno dei figliuoli.

M'arriva a buon punto, come vedi, questo rifiuto del romanzo, su cui contavo per far fronte a bisogni gravi e urgenti.

Perché in una lettera del 1914 Luigi afferma che sua moglie è pazza da cinque anni quando invece tutti sanno che la malattia vera e propria principiò ben undici anni avanti, vale a dire nel 1903? Il fatto è che l'acuirsi della malattia di Antonietta fino al punto da costringere Luigi ad allontanarsi frequentemente da casa (o a far allontanare la moglie) anche per lunghi periodi di mesi per la progressiva violenza delle scenate di gelosia, risale esattamente al 1909, quando lei riceve la notizia della morte del padre. Don Calogero, che dal tribunale era stato costretto alla reintegrazione della dote della figlia, ma con titoli non trasferibili di reddito minimo per fare un ulteriore dispetto al genero, e proprio a questo si riferisce Luigi quando nella lettera parla di un *discreto reddito* di Antonietta, era rimasto sempre molto vicino alla figlia. La morte di Calogero Portolano tronca, recide l'ultimo esile legame di Antonietta con la realtà. Su richiesta dello stesso Luigi, spesso Portolano le scriveva lettere che almeno per qualche tempo servivano ad attenuarne gli eccessi. Dopo la morte del padre Antonietta non vuole più rapporti di nessun genere col marito, lo odia, lo detesta. D'altra parte, manco la morte riesce a modificare in qualche modo il sostanziale disprezzo di Luigi per il suocero. Infatti, quando i cognati (i quali hanno fatto scomparire il testamento paterno che favoriva Antonietta) domandano allo scrittore oramai famoso di dettare la scritta sulla lapide tombale di Portolano, Luigi non si tira indietro, anzi.

QUI FINALMENTE RIPOSA
DOPO AVER LAVORATO TUTTA LA VITA
PIÙ PER L'ALTRUI
CHE PER IL PROPRIO BENE
CALOGERO PORTOLANO...

Essendo cosa cògnita, tanto a Girgenti quanto a Porto Empedocle che il defunto, in vita, non aveva mai patito di sofferenze dovute a malattia, apparse chiaro agli occhi di tutti che non di una lapide si trattava, ma di una lapidazione. Quel *finalmente* era il sospiro di beata soddisfazione di Luigi per essersi liberato dell'irritante presenza del suocero che non mancava occasione per rinfacciargli la leggerezza commessa nell'aver lasciato in mano a don Stefano la dote di Antonietta. E inoltre, quell'accenno all'aver sempre lavorato il Portolano per *l'altrui bene* è un ambiguo doppio senso, dato che tutti conoscevano come il defunto fosse stato, oltre che un commerciante, macari uno che prestava denaro a usura.

E a proposito di frasi ambigue. *La pazzia di mia moglie sono io*. Certo il significato a prima lettura balza evidente e viene a significare che l'oggetto della pazzia di Antonietta è Luigi, il quale Luigi si affretta a chiarire la frase che gli è scappata dalla penna, una specie di lapsus, ricordando all'amico il suo quotidiano sacrificio alla follia di lei, il suo *esilio dal consorzio umano*. Ma, al contrario della voluta ambiguità della lapide, qui pare d'avvertire un'ambiguità inconscia. Il discorso iniziato con quella frase precisa subito dopo cambia percorso, decide di pigliare una strada diversa che porta lontano da una possibile seconda lettura, la rende anzi impossibile. *La pazzia di mia moglie sono io*: una frase terribile che rimane lì a mezz'aria, sospesa.

GL'IRTI SOSPETTI

Smaniosamente inseguendo la sua ragione, Antonietta si reca ancora una volta a Girgenti, nella casa isolata di Bonamorone, dove suo padre non c'è più. Si porta appresso Lietta e Fausto, mentre Stefano rimane a Roma col padre. Rimangono lì per qualche mese, poi Antonietta fa sapere al marito che vuole tornare. Luigi parte per andarla a prendere a Bonamorone, senonché nel frattempo Antonietta ha cambiato idea, ora vuole restare. La faccenda non è semplice: mentre i figli devono rientrare a Roma per gli studi, macari per la permanenza di Antonietta c'è qualche problema. Infatti i suoi fratelli non possono stabilmente accudirla, tanto più che per i loro affari devono abitare a Girgenti e non in una casa di campagna spersa. Luigi e i fratelli Portolano raggiungono un accordo, la trasferiscono in una casa isolata di Girgenti e pigliano un'infermiera che possa darle adenzia in continuazione. Una sera però Antonietta si alza di scatto mentre sta cenando e, pigliando di sorpresa l'infermiera, corre nella sua càmmara, vi si inserra dentro, spalanca la finestra e comincia a fare voci disperate. L'infermiera tenta di sfondare la porta, ma non ci arrinesce. Va bene che la casa è isolata, però sempre nelle vicinanze passa qualcuno, contadini che si arricampano dal lavoro, giornatanti, girgentani a passeggio. Sicché quel continuo, disperato gridare fa accorrere gente che pensa a una qualche disgrazia. Tentano con tutti i modi di calmare la pazza. Quello che poi capitò non è molto chiaro, l'unica cosa certa è che quando Luigi, avvertito, si precipitò da Roma, trovò un'ordinanza del pretore con la quale gli si faceva obbligo d'internare la moglie in manicomio. Antonietta, che ha capito, si stringe a Luigi, lo supplica d'opporsi all'ordinanza. Luigi non ha bisogno di vedere la disperazione di Antonietta per dire di no al pretore, è una cosa alla quale non pensa manco lontanamente, sarebbe contraria ai suoi stessi princìpi. Durante il viaggio di ritorno fa visitare la moglie da un luminare: il responso di questi non concede speranze, macari lui consiglia l'internamento in manicomio. Ma Luigi, assumendosene tutta la responsabilità, riporta Antonietta a casa.

Naturalmente, i soldi per la malattia della moglie non gli bastano mai. Scrive a Nino Martoglio in data 27 maggio 1913:

... avrei bisogno sabato di, almeno, 500 lire. Potrei averle dalla "Cines"? So che Lucio t'ha parlato della mia intenzione di proporti alcuni temi di cinematografia minutamente composti e sceneggiati. Ce n'ho già uno Nel segno *– bellissimo – quasi pronto; qualche altro potrei approntartene fra qualche giorno, e sarei anche disposto a impegnarmi per contratto, a un prezzo decente per ogni* film, *pur d'avere subito, sotto forma d'anticipo, queste £ 500.*

Martoglio, che è direttore artistico della Cines (poi lo sarà della Morgana Film con la quale produrrà e dirigerà quel capolavoro di realismo ante litteram che è *Sperduti nel buio*), non è in grado sul momento di dargli risposta. E Luigi torna alla carica il 5 febbraio dell'anno appresso.

Non potrei fare qualche cosa anch'io? Avrei tanti e tanti argomenti di qualunque specie, tu lo sai! E avrei in questo momento tanto tanto tanto bisogno di guadagnare: tu lo sai! Sono disperato per 500 lire che mi urgono per bisogni immediati e non so come e dove trovare. Potresti procurare di farmele avere a titolo d'anticipazione impegnativa per un lavoro che ti potrei far subito, a richiesta?... ma avrei bisogno subito di queste 500 lire.

Fa' di tutto, ti prego, per ottenermele: te ne resterò gratissimo.

E ancora, cinque giorni appresso:

Grazie toto corde *per quanto hai fatto per me... Va tutto bene; soltanto... tu m'intendi, avrei assoluta, urgentissima necessità dell'anticipazione di £ 500, come s'era convenuto... sono con l'acqua alla gola, come vedi!*

Pirandello sarà costretto a ricorrere a Sabatino Lopez, presidente della Società Autori, che gli farà concedere un prestito di mille lire.

Ad ogni modo in quegli anni, grazie all'interessamento di Ojetti e Martoglio, alcuni lavori teatrali di Luigi, *La morsa*, *Lumìe di Sicilia*, *Il dovere del medico*, vengono rappresentati a Roma con buon successo. Di colpo, la gelosia di Antonietta cambia oggetto: ora non sono più le studentesse a insidiare il marito, bensì le attrici che, per una come lei, educata dalle suore, devono essere l'incarnazione assoluta del male. Pur di tenerla buona, Luigi non va alle prove se non di straforo o con scuse umilianti. Per uscire da casa, segue una certa procedura che consiste nel comunicare ad

Antonietta il motivo della sua uscita, calcolare approssimativamente il tempo che gli è necessario per fare quello che ha detto di fare, e quindi ripresentarsi a casa all'orario stabilito. Certe volte, appena rientrato, deve gettarsi su una poltrona, stremato. Ha dovuto correre più di un centometrista, almeno però la moglie non potrà fargli scenate.

Ma a questo punto Antonietta comincia a maciriarsi sopra un altro sospetto. Principia a taliàre di malocchio la figlia Lietta, la tratta male, e dire che tutto il peso della conduzione della casa e dell'assistenza alla malata cade sulle spalle di questa povera picciotta la quale, nel tempo che le resta libero, fa persino da segretaria al padre. Luigi l'adora, è pieno di tenerezza per la sua giovinezza tanto sacrificata.

Un giorno Antonietta si rifiuta di mangiare quello che le ha cucinato la figlia a meno che Lietta, davanti a lei, non l'assaggi per prima. Teme di essere avvelenata, sospetta un accordo tra padre e figlia per ammazzarla e impadronirsi del poco denaro che ha. Poi, un giorno, Antonietta sbotta. In una lettera datata 15 aprile 1916, Luigi così accenna a quello che capitò:

La sciagurata donna che m'è moglie, dopo aver martoriato dacché è tornata dalla Sicilia la mia povera Lietta, ora, in preda a una delle sue più terribili crisi, s'è voltata con inaudita ferocia contro di lei. E la mia povera bambina, presa d'orrore, in un momento di sconforto, s'è chiusa in camera e ha tentato d'uccidersi.

L'orrore di Lietta deve essere stato tremendo quando si è sentita accusare dalla madre di avere una relazione incestuosa col padre: orrore certo per un'accusa tanto terribile quanto inconsistente, ma altrettanto più fondo e sconvolgente per il brulicante nido di vipere ch'era diventato il devastato cervello di Antonietta. Sconvolta, Lietta trova in casa un revolver e si spara. L'arma fa cilecca. Allora esce di casa per andare a buttarsi nel Tevere, ma non sa come si fa per arrivare al fiume, la sua, fino a quel momento è stata una vita di clausura, di sacrificio. Gira per strade e vicoli con caparbia disperazione finché un amico del padre l'incontra, si rende conto del suo profondo turbamento, la porta con sé, avverte Luigi. Questi corre a riprendersi la figlia, ma non può ricondurla a casa.

«O lei o io» dice Antonietta irremovibile.

E Lietta parte per Firenze, dove sarà ospite della famiglia di zia Lina.

Luigi acconsentirà all'internamento di Antonietta solo dopo il ritorno dei figli Stefano e Fausto dalla guerra, nel 1919. Ad accompagnarla in clinica saranno proprio Stefano e Fausto e Antonietta li seguirà contenta perché da tempo supplica di essere separata dal marito. Che non vorrà mai più rivedere. Luigi resta solo.

Per nove interi anni non aveva vissuto che per quella donna, assorto continuamente nel pensiero di lei, unico e tormentoso: che non avesse mai cagione di lamentarsi, di diffidar minimamente di lui; in assidua, scrupolosa, timorosa vigilanza di sé. Quasi con gli occhi chiusi, con le orecchie turate aveva vissuto nove anni; quasi fuori del mondo, come se il mondo non fosse più esistito. Si sentì a un tratto come balzato nel vuoto, annichilito... in quella casa vuota, ma pur tutta piena, come l'anima sua, degl'irti sospetti della moglie...

Luigi ordina ai figli di andare a trovare la madre tutti i giorni. Egli di cuore si sobbarcherebbe a quella visita quotidiana, e non solo per senso del dovere, ma ne è impedito dal contegno di Antonietta che diventa una furia appena se lo vede comparire davanti. Le ultime tremende scenate contro il marito le ha fatte durante la guerra, quando saprà che Stefano è stato fatto prigioniero. All'angoscia di Luigi per la sorte del figlio si aggiungeranno le aggressioni fisiche di Antonietta, il suo rivolere a tutti i costi il figlio. Dalla novella *Berecche e la guerra*:

Non può sentirsi dir nulla la madre disperata; grida, grida fino a stracciarsi la gola, levando le braccia e scotendo le mani... Non vede nulla; non ode nulla; di tratto in tratto s'avventa contro l'uscio dello studio; lo sforza a furia di manate, di spallate, di ginocchiate, e si scaglia contro il marito, gli si para davanti con le dita artigliate su la faccia, come volesse sbranarlo e gli urla feroce: «Voglio mio figlio! Voglio mio figlio! Assassini! Voglio mio figlio! Voglio mio figlio!».

Com'è logico e prevedibile, a poco a poco le visite dei figli si diraderanno. Luigi se ne lamenterà con Lietta lontana.

I tuoi fratelli, come non vanno a visitar la Mamma se io non lo dico loro tre e quattro volte per settimana...

Quando sa che Antonietta si lascia andare, si trascura, indossa sempre lo stesso vestito che oramai è diventato logoro, manda in clinica una sarta perché gliene confezioni uno nuovo. Ma Antonietta non vuole manco riceverla.

Antonietta Portolano morirà nella casa di cura il 20 dicembre 1959.

PERCHÉ?

Non c'è biografo o studioso di Pirandello che non si sia posta la domanda: perché Pirandello volle a tutti i costi convivere con la follia della moglie magari quando a consigliargli il ricovero in casa di cura erano familiari e luminari della psichiatria? Si arrese, a malincuore, solo nel 1919 dietro le insistenze dei figli. È una domanda alla quale sono state date diverse risposte.

Ha scritto Jean-Michel Gardair in *Pirandello e il suo doppio* (ma il titolo originale è *Pirandello, fantasmi e logica del doppio*):

"Pirandello, almeno fino all'internamento di Antonietta (nel 1919) ha *scelto* di lasciarsi alienare, giorno per giorno, dal delirio paranoico di sua moglie. Egli si è sempre rifiutato di considerare la sua follia come uno stato di fatto e ha sempre negato alla malattia il minimo potere di decidere tra ragione e sragionevolezza. E come nei confronti di se stesso, non ha voluto riconoscere alla 'follia', secondo un compiacente paradosso, il privilegio della verità. In definitiva, egli ha lasciato in sospeso, per il più lungo tempo possibile, il problema stesso della 'follia' (d'Antonietta)".

E più avanti:

"Nel suo rapporto con Antonietta, da una parte, Pirandello è vittima del discorso infinitamente scaltro della 'follia': rifiutare d'internare Antonietta, è darle ragione (confessarsi colpevole) rifiutando di sospettare della sua ragione; ricoverarla, significa consacrare irreversibilmente la verità delle sue parole, nel momento stesso in cui si pretende di considerarle false".

Dunque, per Gardair, Pirandello avrebbe volontariamente "scelto di lasciarsi alienare". Ipotesi assai suggestiva, che però non dice nulla circa le ragioni, i motivi che quella cosiddetta scelta determinarono. Al contrario, crediamo che non si trattò di una scelta, ma di una autoimposizione che comportava il rischio di una possibile alienazione. Scrive inoltre Gardair che "rifiutare d'internare Antonietta è darle ragione (confessarsi colpevole)". Ma colpevole di che? Delle accuse di tradimento che gli venivano quotidianamente rivolte dalla moglie?

Appena solo, gli pareva di scoprire in sé, vivo veramente, a ogni passo... a ogni gesto, quell'altro lui *che viveva nella morbosa immaginazione della Frezzi, quel tristo fantasma odiato, che lo scherniva dentro, dicendogli: «Ecco, tu ora vai dove ti piace, tu ora guardi di qua e di là, anche le donne; tu ora sorridi, tu ora ti muovi, e credi di fare innocentemente? non sai che tutto questo è male, è male, è male? Se ella lo sapesse! se ella ti vedesse! Tu che hai sempre negato, tu che le hai detto sempre di non aver piacere d'andare in alcun luogo, ad alcun ritrovo, di non guardar le donne, di non sorridere... Ma, tanto, sai? anche a non farlo, ella crederà sempre che tu l'abbia fatto; e dunque fallo, fallo pure, che è lo stesso!*

Con questa citazione, tratta da *Giustino Roncella nato Boggiòlo*, Georges Piroué avanza l'ipotesi che "la coppia" (del romanzo, ma come proiezione della coppia Luigi-Antonietta) "è composta da un (io) reale diventato fantasma e da un (lui) fantasma diventato reale. E ciò nell'uno e nell'altro dei coniugi".

Ma queste mi sembrano tutte conseguenze, non cause primarie.

Esaminiamo come la coppia Luigi-Antonietta si formò. A Luigi, Antonietta venne proposta come un buon "affare" (la parola non è nostra), una "merce" singolare in quanto offriva al compratore il denaro necessario per essere acquistata. Luigi fiutò l'affare che gli avrebbe consentito di poter diventare economicamente indipendente dal padre e lo sottoscrisse. Se nel corso del tempo Luigi avesse continuato a considerare come merce, sia pure pregiata, la moglie, il momento in cui questa merce si fosse avariata, egli certamente l'avrebbe alienata (mi si perdoni l'involontaria ironia). Senonché Luigi non volle, non seppe, non poté considerare Antonietta come semplice merce-moglie, fattrice di figli e fìmmina di casa. Egli tentò di trasformarla in una compagna non solo di vita, ma soprattutto di strada nel cammino dell'arte, cercò insomma un valore aggiunto che la merce non aveva. Intanto, irreparabilmente, era stato lui ad essere "pigliato" dalla bellezza di Antonietta, sicché finì coll'aggiungere alla partita ciò che nella partita non doveva entrare, il sentimento.

Scrive Sciascia:

"Così è Maria Antonietta Portulano: una buona moglie che del marito può capire il mal di stomaco, le preoccupazioni finanziarie, il rancore per un torto subito, magari la cieca gelosia; ma non può capire il male che viene dai pensieri e dalla fantasia, la preoccupazione per un'idea o un personaggio cui dar forma e la gioia d'esserci riuscito".

Pirandello per qualche anno ci prova, anche terroristicamente, a operare la trasformazione di Antonietta, provocando in lei l'effetto opposto, una sorta di chiusura, di rifiuto che arriva quasi alla regressione. Quando Luigi desiste, Antonietta si trova relegata in una sorta di ghetto familiare, punita per non essere stata capace di produrre quel valore aggiunto voluto dal marito, il quale intanto "le sfugge in una dimensione a lei ignota" (Sciascia) e infine, stretta nella morsa di Calogero Portolano che si sente truffato da Luigi, di don Stefano che ha in mano la sua dote e del marito "sperso, lontano in un suo indecifrabile mondo, Antonietta Portulano si sarà sentita come fissata in una 'forma', a rappresentare soltanto una dote" (Sciascia).

Comunque sia però la picciotta educata nel collegio delle suore aveva saputo trasformarsi in ciò per cui era stata educata: ad essere una buona moglie, una buona madre di famiglia. E Pirandello, a parte la naturale disposizione alla monogamia, aveva della "sua" famiglia (ché sua veramente era, da lui liberamente voluta) preciso e rigido concetto fondato su onestà e solidità di rapporti. Della malattia che l'ha colpita, Antonietta non è responsabile e macari se non è cattolico e manco credente Luigi sa, profondamente, per tradizione, perché ce l'ha scritto nel giro del sangue, che lui e sua moglie sono un'unica carne; che lui, maritandosi, si è accollato precisi doveri che intende mantenere sino in fondo. Egli è persuaso, a ragione, che se ad ammalarsi fosse stato lui, Antonietta sarebbe rimasta al suo capezzale, devota e pronta e remissiva come ha saputo esserlo lui.

D'altra parte, allontanarla sarebbe ammettere la sconfitta del figlio cambiato: egli non possiede che quella vita che ha voluto ostinatamente crearsi e deve patirne l'imprevisto, spaventoso disagio. Alla follia, in qualche modo, è abituato, almeno ne ha avuto nozione quando la sorella Lina cominciò a scangiare gli uomini per animali e la colpa se la volle assumere don Stefano per il tradimento coniugale. Nella "sua" famiglia non ci saranno tradimenti, nessuna deroga agli obblighi che il matrimonio comporta.

Steso sul letto allato alla moglie paralitica egli ha capito che la vita la si può vivere scrivendola e la si può scrivere vivendola (macari se in seguito affermerà con una perentorietà che apre margini di sospetto che *la vita o la si vive o la si scrive*). In quelle notti trascorse a scrivere *Il fu Mattia Pascal* ha scoperto che non potendo più cangiare la vita che ha già una volta cangiato, può se non altro rifrangersi in una miriade di deformate proiezioni di sé. La paralisi che ha colpito Antonietta è la beffarda, materiale riprova che su quella strada egli non può che camminare da solo.

E in quanto a quel *confessarsi colpevole* se avesse mandato Antonietta in casa di cura, Luigi di essere in qualche modo colpevole se ne è fatto capace: non dei fantomatici tradimenti dei quali l'accusa la moglie, ma di quel blasfemo tentativo da lui compiuto nel voler costringere Antonietta a tradire la sua propria natura. In quella partita doppia che è il matrimonio, in quel quotidiano conteggio di dare e avere, il debito di Luigi verso Antonietta non potrà mai essere estinto perché in nessun modo quantificabile.

Egli ha tentato, durante il fidanzamento e i primi anni del matrimonio, di mutare una semplice moglie in una sorta d'infermiera spirituale che potesse fornirgli la medicina adatta a fargli raggiungere la pace dei travagli artistici e spirituali, si è persino per qualche tempo illuso che ciò fosse avvenuto: *Io ho potuto finalmente congiungere queste due supreme idealità: l'Amore e l'Arte.*

Il cervello di Antonietta ha invece fatto corto circuito, ma quel lampo ha illuminato la strada che Luigi cercava.

STEFANO, LIETTA, FAUSTO

Luigi assai ha patito per i figli che, ancora picciliddri, hanno assistito, senza farsene capaci, al progredire della malattia della loro madre; spesso, rivestiti in fretta e in furia, si sono trovati sballottati in case di parenti o amici, divisi l'uno dall'altro, in attesa che passasse una crisi della mamma che a loro, certamente, doveva provocare uno scanto immenso proprio perché inspiegabile. Luigi su loro ha vigilato come meglio ha saputo e potuto. Quando cominciano a crescere e a dimostrare una loro precisa personalità, Pirandello non può che provare una profonda soddisfazione per le loro, ancorché deboli e incerte, inclinazioni: Stefano, il primogenito, è chiaramente portato alla scrittura, mentre Fausto è istintivamente, naturalmente incline al disegno.

I due figli màscoli non potranno dirsi figli cambiati, anche perché il loro padre si è proposto di agire in modo che mai e poi mai loro abbiano a soffrire di una sensazione di diversità rispetto alla famiglia. Inoltre, Fausto può rappresentare la ripresa di un discorso interrotto, quello che Luigi aveva cominciato con la pittura.

Pirandello, che diceva a Lucio D'Ambra *io non son nato commediografo*, si sentiva invece nato pittore. Ha scritto Antonio Alessio:

"Ovunque andava, soprattutto d'estate, si portava dietro la scatola dei colori e fermava sulle tavolette di cui era sempre fornito le impressioni che la natura gli destava, apprezzandone la bellezza ma ancor più cercando di penetrarne il significato e il mistero. L'osservazione della natura lo induceva piuttosto a meditare che a sviarlo. Un giorno, dopo avere osservato un declivio folto d'alberi ed aver definito, contrariamente al solito, *stupida* la natura, a chi gli chiedeva allora perché mai la dipingesse, rispondeva: 'Eh già… è proprio per questo'… subito riprendendo a dipingere con intensità".

Dipingeva non da dilettante, nelle sue tavolette in genere di quindici centimetri per dieci non c'è niente di naïf, semmai l'adeguamento al gusto di un'epoca (il suo grande amico Ugo Fleres, col quale faceva addirittura gare di pittura, diventerà direttore della Galleria nazionale d'Arte moderna). Alcune sue pitture erano state esposte a Roma ai mercati traianei nel corso di una mostra sindacale. Pirandello inoltre, negli anni 1895-96, recensì numerose esposizioni su quotidiani e riviste d'arte.

E su Lietta poi che dire? Ancora picciliddra vive una vita sacrificata, esce per accompagnare la madre le volte che questa decide d'andare a far la spesa, un po' per aiutarla e un po' per sorvegliarla. Di Roma conosce sì e no i negozi sotto casa, non ha svaghi adatti alla sua età. Maturerà assai presto, compresa delle sue responsabilità, dei suoi doveri. A vederla crescere così, Luigi ne ha insieme soddisfazione e pena, per la sua Lillinetta vorrebbe una vita normale, come quella delle bambine della sua età. E all'amore paterno, fortissimo, si aggiunge una sorta di struggente compassione, di malinconica comprensione che cementerà il legame sino a renderlo sospetto agli occhi di Antonietta stravolti dalla gelosia.

1915

Nel luglio 1915 Stefano viene chiamato alle armi e parte per il fronte forse nel momento più cruento della guerra. Pirandello è stato interventista e direi che non poteva essere diversamente, considerati i precedenti patriottici di tutta la famiglia, sia dal lato paterno che da quello materno. La partenza del figlio però lo colpisce profondamente, la preoccupazione per la sua sorte lo macerìa quotidianamente.

È in questa occasione che il suo sentimento di paternità si colora magari dei toni di una trepida ansia materna.

La moglie coglie al volo l'occasione per fargli altre scenate violente: non più per gelosia, ma con l'accusa d'avere egli provocato volontariamente l'allontanamento di Stefano. La situazione familiare diventa di giorno in giorno sempre più rischiosa: una notte Luigi si sveglia di colpo e vede Antonietta in piedi allato al letto che lo guarda con un coltello in mano.

Poco tempo dopo la chiamata alle armi di Stefano, la madre di Luigi si ammala gravemente. I suoi figli Lina e Giovanni si precipitano a Porto Empedocle, Luigi è impossibilitato a seguirli e affida loro una lettera per donna Caterina.

Tu, Mamma, che hai più animo di tutti noi, tu che tanta virtù hai saputo trarre dalla tua vita fortunosa, piena di gravi momenti, nei quali il tuo cuore s'è sprofondato in abissi di sacrificio e la tua mente s'è levata a considerazioni supreme di là dal male e dal bene di questa meschinissima esistenza terrena, Tu, Mamma, per tutti noi, comanda ancora al tuo corpo stanco e tormentato di resistere: noi vogliamo trovarci ancora insieme, quando Stefanuccio ritornerà, a festeggiare la nostra vittoria, la vittoria d'Italia.

Ma donna Caterina non è più in condizioni di comandare alcunché al proprio corpo: muore il 13 agosto. La lettera di Luigi le verrà infilata tra le mani e messa con lei nella bara. L'ultima volontà di donna Caterina, di lasciare la casa del Caos al figlio Vincenzo, sarà pienamente rispettata dagli altri.

Pirandello lucidamente avverte che la morte della madre segnerà una svolta irreversibile nella sua esistenza. A donna Caterina egli dedica uno scritto tanto vibrante quanto discontinuo, dove la retorica patriottica si alterna a una vera, profonda commozione. Scritto singolare al quale l'autore volle negare la diffusione sulla stampa nazionale. Questo *Colloquio* fa parte di un gruppo intitolato *Colloqui coi personaggi*, senonché questi colloqui non avvengono solo con personaggi creati dalla sua fantasia, ma anche con creature realmente esistite, come appunto la madre. Perché allora li chiama *personaggi*? Forse per un primo tentativo di oggettivazione? Forse perché già oscuramente comincia a pigliare forma il suo capolavoro ed egli inizia a vedere il trasformarsi delle esperienze vissute e patite nelle forme e nei modi dei personaggi teatrali? Ad ogni modo, in quei lunghi giorni di ricordi inevitabili, Luigi certamente avrà ripercorso il cammino accanto alla madre, le vicende anche aspre della famiglia e un momento di questa dolorosa riflessione appare nel *Colloquio* quando donna Caterina invita il figlio a guardare *le cose anche con gli occhi di quelli che non le vedono più.* Che in parole semplici significa mettere una distanza tra la passione della partecipazione e la freddezza della riflessione e in questa ritrovata distanza riesaminare, rivedere, operare una revisione non intaccata da fatti contingenti.

Il 2 novembre dello stesso anno i peggiori timori di Pirandello s'avverano. Stefano viene fatto prigioniero. Luigi ne scrive all'amico Martoglio che, da parte sua, ha appena perso il fratello in guerra.

Sappi che la mattina del 2 novembre, alle $7\,^{1}/_{2}$*, dopo una notte di fuoco, egli è stato fatto prigioniero, nella battaglia* *d'Oslavia, ferito al petto, per fortuna leggermente. Un'altra ferita aveva ricevuto il giorno avanti; gli avevano dato alcuni giorni di licenza per farsi medicare; rifiutò la licenza sapendo che la notte si sarebbe rinnovato l'attacco, e fu fatto prigioniero. Sono ormai circa due mesi! Fra tutte le sciagure che potevano toccargli (è vivo per miracolo!), questa è certo la minore. So da lui stesso che le ferite gli si sono del tutto rimarginate; e sono dunque, relativamente, più tranquillo.*

Più tranquillo? L'esercizio della paternità per Luigi si complica di nuovi pensieri. Il figlio è prigioniero. Che significa essere prigionieri? Come potrà reagire un giovane come Stefano alle regole, ai rigidi obblighi dell'universo concentrazionario? E non potrà riportarne ferite psichiche che forse indelebilmente lo marchieranno? Da lontano, Luigi in qualche modo vuole guidare quella prigionia.

Coraggio, Stefanuccio mio: non abbandonarti troppo alla meditazione e lavora, lavora quanto più puoi: non c'è rimedio migliore a questo male della vita. Nessuno meglio di me lo sa per prova.

Quindi Luigi appaia il suo sentirsi prigioniero, costretto dentro un nome che dice di non appartenergli, alla prigionia effettiva del figlio: aspetti diversi di *questo male della vita*. Tenta persino un processo d'identificazione totale:

Ieri, 2 novembre, anniversario della tua cattura... io mi sono svegliato alle sei e subito col pensiero son corso al posto dove tu ti trovavi un anno fa e ho cercato di vivere con l'immaginazione le ore terribili di quella mattinata. Puoi figurarti quello che ho sofferto!

L'altro figlio, Fausto, viene richiamato e inviato a Castelfranco di Sotto. La salute di Fausto però non è per niente buona, egli si sottopone alle fatiche dell'addestramento militare che è ancora convalescente per un'operazione da poco subita. I tempi sono duri e a Fausto viene negato un minimo di riposo. Pirandello, avvertito, si precipitò nella caserma del figlio, ma non lo trovò: era partito per una marcia estenuante. Lo era tanto che quando Fausto, di ritorno, s'accostò al padre, gli svenne tra le braccia. Pirandello vide rosso, cominciò a inveire, costrinse il generale a concedere al figlio una licenza di convalescenza. A Firenze finalmente si scoprì che Fausto era tubercolotico e non si trattava di una scusa per esonerarlo dal servizio militare. Venne rimandato a casa. Chiusa la drammatica parentesi di Fausto, il pensiero di Stefano prigioniero tornò con maggior vigore. Le cose per Stefano non andavano bene. Da Mauthausen (nome che oggi ci suscita orrendi ricordi, ma che allora era semplicemente un affollato campo di prigionia), egli viene trasferito in Boemia, a Plan, dove il trattamento era durissimo. Tutti pativano la fame, magari i carcerieri e perciò i pacchi che Luigi spediva al figlio spesso non arrivavano a destinazione. Nelle umidissime baracche che non riparavano dalla pioggia, l'esistenza quotidiana era molto difficile, era al limite della sopravvivenza. E Stefano, come Fausto, s'ammala ai polmoni.

Il senso della paternità in Luigi diventa allora quasi un'ossessione, c'è in lui sicuramente un inconscio, ma esasperato, confronto col comportamento che, secondo il suo convincimento, don Stefano usò nei suoi riguardi: no, neppure per un istante Stefano deve pensare di essere di un sangue diverso; deve sentire la pressante presenza dell'amore che lo rivuole subito accanto a sé, rompendo le barriere della distanza e della prigionia.

Allora strumentìa un piano tortuoso per ottenere la liberazione del figlio malato.

Attraverso un amico giornalista, dopo parecchie vicissitudini, riesce a stabilire un contatto col cardinale Gasparri. Il problema consisteva però nel ben noto anticlericalismo di Pirandello, tanto che gruppi di giovani cattolici avevano fatto sì che la commedia *Pensaci, Giacomino!* venisse tolta dal cartellone del Teatro Alfieri di Torino. Tra il Vaticano e Pirandello insomma non correvano buoni rapporti. Gasparri si dimostrò buon diplomatico, preferì sorvolare sul drammaturgo e scrittore Pirandello per occuparsi, cristianamente, di un padre in ansia per la sorte del figlio.

Gasparri convinse il papa, Benedetto XV, a scrivere una lettera personale al Governo austriaco (inoltrata tramite le autorità ecclesiastiche) nella quale si chiedeva la liberazione di Stefano Pirandello contro il rilascio di un prigioniero austriaco, scambio da effettuarsi in Svizzera. Gli austriaci ci misero molto tempo a dare una risposta. Quando arrivò, Gasparri convocò Pirandello. Gli austriaci avevano alzato il prezzo: in cambio di Stefano, volevano la liberazione di tre prigionieri dei quali davano i nominativi. E questa richiesta la giustificavano "col fatto che Stefano era figlio di uno scrittore famoso". Quasi paradossalmente, la paternità tanto ossessivamente sbandierata da Luigi ora diventava una specie di aggravante da un lato, dall'altro invece inequivocabilmente stabiliva il peso e le conseguenze di un nome accettato rispetto a quello stesso nome che Luigi avrebbe voluto a tutti i costi rinnegare. In una forma o nell'altra, l'ombra di Stefano, il padre "abolito", secondo la felice definizione di Giudice, tornava a ripresentarsi.

Comunque, a decidere doveva essere ora il Governo italiano. Pirandello domandò e ottenne udienza da Vittorio Emanuele Orlando, siciliano e suo estimatore. Orlando promise d'interessarsi della questione e per prima cosa indagò sui tre nominativi forniti dagli austriaci. Seppe così che si trattava di tre ufficiali di marina, esperti e coraggiosi, i quali, appena rimessi in libertà, certamente sarebbero stati impiegati in azioni di guerra contro gli italiani. Orlando chiamò Pirandello, lo mise a parte della situazione e quindi concluse:

«Fa' tu».

In realtà, non c'era nessuna libertà di scelta. Accettare quello scambio significava abdicare a un ideale patriottico che in Pirandello ancora durava, anche se alquanto affievolito. Disse di no.

Tra mille anni questa atrocissima guerra, che ora riempie d'orrore il mondo intero, sarà in poche righe ristretta nella grande storia degli uomini; e nessun cenno di tutte le piccole storie di queste migliaja e migliaja di esseri oscuri, che ora scompajono travolti in essa, ciascuno dei quali avrà pure accolto il mondo, tutto il mondo in sé e sarà stato almeno per un attimo della sua vita eterno, con questa terra e questo cielo sfavillante di stelle nell'anima e la propria casetta lontana lontana, e i proprii cari, il padre, la madre, la sposa, le sorelle, in lagrime, e forse, ignari ancora e intenti ai loro giuochi, i piccoli figli, lontani lontani. Quanti, feriti non raccolti, morenti su la neve, nel fango...

LIETTA VUOLE MARITARSI

Costretta dalla pazzia della madre ad andarsene da casa e a vivere presso parenti a Firenze, Lietta comincia a stancarsi della vita che è costretta a fare. Come in tempi ormai lontani pensò suo padre, magari lei adesso è del parere che il matrimonio risolverebbe la situazione. E questa sua idea la comunica a Luigi con una lettera che non possediamo. Il padre le risponde in data 4 ottobre 1918.

E vengo al punto più delicato della tua letterina. Non so il nome del giovane di cui mi parli. Certo, non è per lui una buona raccomandazione quello che mi dici, e cioè: che ti è del tutto indifferente, *e che la sua miglior qualità credi che sia l'esser ricco e il sapere amministrare con accorgimento i suoi beni. Vuoi sposare* con indifferenza *un* accorto *sacchetto di* denari? – *Cara Lietta mia, io non so: il modo con cui tu mi parli della cosa, il giudizio che implicitamente dài del giovine, quello che mi manifesti intorno al tuo animo per lui, escludono assolutamente la domanda che mi rivolgi in fine:* «Che mi consigli tu, papà mio?». *Io non posso risponderti altrimenti che ritorcendo a te la domanda:* «Ma che vuoi che ti consigli io, figliuola mia?». *Sei, o no, incline a sposarlo, dato che ti chieda in isposa? È un giovine* serio, buono, onesto, di sana *moralità, di buona* famiglia, *di gentili costumi oltre che ricco? Sa o non sa le condizioni della tua famiglia, materiali e morali, voglio dire della tua dote e della disgrazia di tua madre? Non mi dici nulla di tutto questo. E come vuoi allora che io ti dia un consiglio?*

In realtà il consiglio alla figlia glielo ha dato, eccome! Apparentemente, si tratta di un consiglio assennato, consiglio che però non vuole tenere conto della sua stessa esperienza. Nel matrimonio con Antonietta Luigi aveva visto un affare e così l'aveva apertamente definito: perché non dare alla figlia la possibilità di concludere un affare che forse potrebbe risultare migliore del suo? Se non fosse intervenuta la pazzia, il matrimonio con Antonietta, macari calata di rango, a semplice moglie e non a compagna d'arte come aveva sperato, sarebbe stato un buon matrimonio come tanti.

Non è certo Luigi quello che può fare prediche contro i matrimoni senza amore. E poi c'è la questione più insidiosa, posta di passaggio e sotto forma di atto dovuto: *Sa... della disgrazia di tua madre?* Pretendere che Lietta, a un giovane che sta timidamente manifestandole una qualche attenzione, riveli subito che ha la madre pazza significa mettere in una condizione di disagio e d'incertezza qualsiasi pretendente. Certo, è più che giusto e onesto che Lietta riveli al probabile fidanzato *la disgrazia* della madre, ma al momento opportuno, quello che lei riterrà il più adatto, altrimenti sarà un tagliarsi l'erba sotto i piedi. E Luigi lo sa, tanto è vero che la lettera così prosegue:

Io non voglio condannarti, Lietta mia, a vivere accanto a me una vita di rinunzia e di sacrifizio... Io so bene ciò che dovrei fare per far contenta la mia figliuola, e lo farei ben volentieri per quest'unico premio: di vederla contenta.

Anche per questo, per evitare che Lietta vada via definitivamente da casa, Luigi aspetta con impazienza il rientro di Stefano dalla prigionia: occorre pigliare la dolorosissima decisione di ricoverare Antonietta.

L'ARRIVO DI DON STEFANO

Morta la moglie, don Stefano è rimasto solo, i suoi figli si sono fatte le loro famiglie.

In più, la sua salute è peggiorata: mezzo cieco, cammina con difficoltà, ha bisogno d'assistenza. Certamente ci saranno stati scambi di lettere tra i figli per trovare una sistemazione decorosa al vecchio padre, ma alla fine si risolve di seguire la consuetudine siciliana che è quella che il padre, quando rimane vedovo ed è malato, vada ad abitare in casa della figlia maggiore, magari se questa è maritata. Così don Stefano, facendosi accompagnare dal figlio Giovanni, va da Lina a Roma dove lei si è trasferita con la famiglia. Lina gli mette a disposizione una stanzetta del suo appartamento che è proprio sotto a quello dove abita Luigi. Sicuramente ci sarà stato un diverbio tra Luigi e la sorella: Lina non è in condizioni economiche da far fronte ai bisogni di don Stefano e Luigi si sarà impegnato a dare un contributo alle spese. È una partecipazione alla quale non può sottrarsi anche se lo volesse: gli "tocca", come si dice dalle sue (e mie) parti, è un atto dovuto. Ma si viene a creare una situazione logistica che, di certo, nei primi tempi, avrà messo a disagio Luigi che col padre aveva da tempo interrotto i rapporti. La villetta pigliata in affitto si trova in via di Pietralata, è circondata da un giardinetto e vi si arriva per una *fangosa impraticabile viuzza quasi cam-*

pestre. Una foto di quegli anni ci mostra don Stefano nel giardino, tutt'e due le mani serrate attorno al bastone, la coppola, gli occhi stretti darrè gli occhiali, magro di vecchiaia e di malattia, e dietro si scorge la villetta dove abita coi familiari. Diventano quindi inevitabili gli incontri col padre, soprattutto quando egli va a scambiare quattro chiacchiere con la sorella Lina alla quale è sempre stato legatissimo. E spesso avrà visto, dalle finestre di casa, don Stefano aggirarsi con passo malfermo nel giardino, avrà visto la profonda trasformazione fisica di quell'uomo che nella sua memoria vive ancora giovane, attivo, violento. E qualche altra volta l'avrà visto addormentato sulla panca del giardinetto o su una poltroncina di vimini portata lì apposta.

Dormiva... col capo calvo, incartapecorito, reclinato indietro penosamente... Ma era un sonno ben diverso, il suo. Sonno a bocca aperta, di vecchio stanco e malato. Le palpebre esili pareva non avessero più forza neanche di chiudersi sui duri globi dolenti degli occhi appannati. Le narici s'affilavano nello stento sibilante del respiro irregolare che palesava l'infermità del cuore. Il viso giallo, scavato, aguzzo... con quel filo di bava che pendeva dal labbro cadente... Che crudeltà, che crudeltà di spettacolo, quel sonno di vecchio! Era pure nella miseria infinita di quel corpo stremato in abbandono la dimostrazione più chiara delle verità nuove che gli s'erano rivelate.

La citazione è tratta da una novella intitolata *La fede*, raccolta in volume nel 1922.

Racconta di un giovane prete che sente di aver perduto la fede e vuole andarlo a dire a un vecchio sacerdote dal quale dipende, ma lo trova addormentato. E *le verità nuo-*

ve che gli s'erano rivelate nella novella si riferiscono naturalmente alla crisi di fede del giovane prete. Ma l'amaro sonno del vecchio don Stefano non avrà a sua volta rivelato una verità nuova a Luigi? Del resto, la madre-personaggio glielo aveva già detto nel *Colloquio* del 1915:

Guarda le cose anche con gli occhi di quelli che non le vedono più! Ne avrai un rammarico, figlio, che te le renderà più sacre e più belle.

E prima aveva raccontato, parlando del marito:

Avevo già ventisette anni e non volevo più sposare; mi toccò sposare perché lui lo volle, lui che poteva imporsi al mio cuore con la bella persona e più, in quei fervidi anni, con l'animo che voi figliuoli gli conoscete, per cui ancora, vecchio, esulta e si commuove come un bambino per ogni atto che accresca onore alla patria...

E certamente Luigi l'avrà visto commuoversi e piangere, lì, nel giardinetto per le belle notizie della guerra vittoriosa.

Ecco, taliàrlo e ritaliàrlo, quel padre, soprattutto lui, come una delle cose che vanno guardate con altri occhi: forse con gli occhi coi quali un autore guarda un probabile personaggio. Come, del resto, è già capitato con la madre.

IL CONFRONTO

Del resto, personaggio don Stefano lo era già stato nei tre atti della *Ragione degli altri*, incentrati sul rapporto del padre con la cugina ex fidanzata. Nella realtà, quell'episodio era indissolubilmente legato a un gesto: quello di Luigi che sputa in faccia all'amante del padre mentre questi se ne sta nascosto dietro una tenda e se ne vedono solo le punte delle scarpe. Ora si tratta di strappare quella tenda, portare alla ribalta colui che vi sta dietro, ricrearlo come personaggio visto non più con gli occhi allora offesi di figlio, ma con quelli di autore, altri occhi. Per fare ciò però, più che una lunga e attenta osservazione, occorre un confronto continuo, quotidiano. Ed è un confronto che si svolge su due piani: quello della realtà del padre vecchio e di Luigi padre a sua volta e quello della memoria, quando Luigi era il figlio che non voleva riconoscersi come tale, un figlio cambiato.

È di quegli anni una novella dal titolo emblematico, *Quando si comprende*. Si svolge in uno scompartimento ferroviario, è il dialogo tra una coppia di genitori che vanno a salutare il figlio che parte per la guerra e gli altri viaggiatori. A un certo momento uno di questi dice:

I figliuoli vengono, non perché lei li voglia, ma perché debbono venire; e si pigliano la vita; non solo la loro, ma anche la nostra si pigliano. Questa è la verità. E siamo noi per loro; mica loro per noi. E quand'hanno vent'anni... ma pensi un po', sono tali e quali eravamo io e lei quand'avevamo vent'anni. C'era nostra madre; c'era nostro padre; ma c'erano anche tant'altre cose, i vizii, la ragazza, le cravatte nuove, le illusioni, le sigarette...

E siamo noi per loro; mica loro per noi: l'ha duramente sperimentata sulla propria pelle la verità di quest'asserzione. Si è impegnato fino a mettere a rischio la sua dignità perché Stefano fosse liberato dal campo di concentramento boemo; si è reso quasi ridicolo agli occhi di un generale protestando a favore del figlio Fausto; ha dovuto spedire in esilio Lietta per salvarla dalla furia della madre... Ma cosa ne ha ottenuto? Avverte già da adesso che Fausto saprà sempre mettere una certa distanza tra lui e le cose che fa sia come uomo che come pittore, prescindendo dall'affetto filiale; sa che Lietta è pronta ad abbandonarlo perché sente ingiusto l'esilio al quale l'ha costretta. E Stefano ha seguito i consigli che lui gli ha mandato per posta, soprattutto quello di *non pensare*? O forse questa invadente, amorosa paternità sempre presente non solo negli atti ma magari nei pensieri dei figli è una forma di violenza simile nella sostanza, anche se diversa nella forma, a quella che don Stefano era abituato a esercitare nella sua famiglia?

Domande, dubbi, perplessità.

E gli torna insistente alla memoria l'episodio chiave della rottura col padre, quando lo sorprese con l'amante. "Rimase in lui un segreto cruccio di colpa e di rimorso", scrive Gaspare Giudice. E lo stesso Pirandello, tornando sull'episodio nella novella del 1923, intitolata *Ritorno*, dice che *da un pezzo si sentiva pungere segretamente dal rimorso d'aver lasciato il padre... senza volersene curare.*

E adesso che se lo vede davanti ogni giorno, così malridotto, a che livello sale il disagio, il "segreto cruccio"?

E poi, soprattutto: perché allora il quattordicenne Luigi non strappò la tenda limitandosi a sputare sulla donna? Sarebbe stato così facile e anche logico, naturale, in preda come era al disgusto e alla crudele intransigenza della giovinezza.

Non lo fece per non incontrare gli occhi del padre? Perché quel corpo nascosto dalla tenda restasse senza un volto che eternamente si stampasse nella memoria? Intuiva già da allora che un giorno sarebbe arrivata l'ora della ragione, l'ora di *quando si comprende*?

IL PADRE *Il dramma per me è tutto qui, signore: nella coscienza che ho, che ciascuno di noi – veda – si crede "uno" ma non è vero: è "tanti", signore, "tanti", secondo tutte le possibilità d'essere che sono in noi: "uno" con questo, "uno" con quello – diversissimi! E con l'illusione, intanto, d'esser sempre "uno per tutti", e sempre "quest'uno" che ci crediamo, in ogni nostro atto. Non è vero! Non è vero!*

Ce n'accorgiamo bene, quando in qualcuno dei nostri atti, per un caso sciaguratissimo, restiamo all'improvviso come agganciati e sospesi: ci accorgiamo, voglio dire, di non esser tutti in quell'atto, e che dunque un'atroce ingiustizia sarebbe giudicarci da quello solo, tenerci agganciati e sospesi, alla gogna, per una intera esistenza, come se questa fosse tutta assommata in quell'atto!

È la battuta nodale del Padre nei *Sei personaggi in cerca d'autore*. Certo, i motivi necessari all'abolizione della figura paterna sono stati tanti, ma non c'è dubbio che il punto forte è rappresentato dall'avere Luigi *agganciato e sospeso* il padre nell'atto d'averlo sorpreso con l'amante. E subito dopo questa battuta, il Figlio (che qui in parte è lo stesso Luigi) ripropone la sua estraneità dalla famiglia, il suo essere diverso, cambiato, come ancora credeva allora:

IL FIGLIO (scrollandosi sdegnosamente) *Ma lascia star me, ché io non c'entro!*

IL PADRE *Come non c'entri?*

IL FIGLIO *Non c'entro, e non voglio entrarci, perché sai bene che non son fatto per figurare qua in mezzo a voi!*

IL GRANDE PUZZLE

Lo scrittore Arnaldo Frateili ricorda che Pirandello, appena finito di scrivere i *Sei personaggi in cerca d'autore* radunò, molto emozionato, gli amici per leggere loro il lavoro. Nessuno ne sapeva niente o quasi, lo stesso autore pareva sorpreso dalla violenza e dalla rapidità con la quale l'opera aveva voluto imporre la sua nascita. Dice Frateili:

"Appena finito di scrivere i *Sei personaggi* Pirandello venne a leggere il lavoro a casa mia. C'era il figlio Stefano, Silvio D'Amico, Alberto Cecchi, mi pare Mario Labroca e due o tre altri... fummo presi e sconvolti non solo dalla commedia, ma anche dalla passione che Pirandello metteva nel recitarla... Quella era una recitazione nella quale egli sosteneva la parte di tutti i suoi personaggi e viveva intensamente, quasi dolorosamente, tutte le loro passioni, amore e odio, gioia e dolore, estasi e ironia... la sua voce a udirla da un'altra stanza, pareva non di una, ma di dieci persone... Alla fine... discutevamo come energumeni intorno a Pirandello".

Certo, su quest'opera che rappresenta "la quintessenza del dramma moderno" (Szondi), è quasi ridicolo spendere qui parole. Ci limitiamo a dire che forse essa segna la ricomposizione di quel gigantesco puzzle che è stato l'intreccio tra la vita di Pirandello e la sua opera di scrittore in un continuo va e vieni dalla realtà alla sua trasfigurazione. Nell'acuta commemorazione che di Pirandello fece

Massimo Bontempelli all'Accademia d'Italia il 17 gennaio 1937, è detto che "tutto il teatro di Pirandello è una denuncia di conseguenze". E aggiunge:

"Molti anni prima, notate, molti anni prima dei *Sei personaggi*, egli aveva già scritto queste chiare parole: *La natura si serve dello strumento della fantasia umana per proseguire la sua opera di creazione. E chi nasce mercé questa attività creatrice che ha sede nello spirito dell'uomo, è ordinato da natura a una vita di gran lunga superiore a quella di chi nasce dal grembo mortale di una donna. Chi nasce personaggio, chi ha la ventura di nascere personaggio vivo*... Insomma, i personaggi sono le sole verità. Col personaggio l'umanità ha ritrovato l'inconfondibile, l'immodificabile, l'indistruttibile, l'eterno. Cioè, la certezza. Il Padre dei *Sei personaggi*, lui che come persona è il più sbattuto degli uomini, può alzare il capo con supremazia quando dice al Direttore: *Io sono vero, voi no*".

Già, il Padre è vero, una certezza appunto, perché diventato personaggio, mentre il Direttore vive solamente sulle tavole del palcoscenico. Questo personaggio del Padre nel quale "si esprime la verità più intima di Pirandello" (Szondi), verità resa più forte da una sorta di commistione, di osmosi tra l'autore e il personaggio del Padre. Sotterranei, profondi, esili canali che trasportano linfa vitale dall'uno all'altro, e rendono difficile, nel loro intrecciarsi, l'identificazione dell'appartenenza. E, sotto questa luce, la Premessa scritta a posteriori appare come un malriuscito tentativo di depistaggio, come se l'autore volesse lavarsene le mani, addebitando tutto alla Fantasia con la "F" maiuscola. Ma non serve, quella Premessa, non basta.

IL CAPOCOMICO *E dov'è il copione?*
IL PADRE *È in noi, signore.*

Battute come queste:

IL PADRE *… Guardi: la mia pietà, tutta la mia pietà per questa donna* (indicherà la Madre) *è stata assunta da lei come la più feroce delle crudeltà!*
LA MADRE *Ma se m'hai scacciata.*
IL PADRE *Ecco, la sente? Scacciata! Le è parso ch'io l'abbia scacciata!*
LA MADRE *Tu sai parlare; io non so… Ma creda, signore, che dopo avermi sposata… chi sa perché! (ero una povera, umile donna…)*
IL PADRE *Ma appunto per questo, per la tua umiltà ti sposai, che amai in te, credendo…* (S'interromperà alle negazioni di lei; aprirà le braccia, in atto disperato, vedendo l'impossibilità di farsi intendere da lei, e si rivolgerà al Capocomico) *No, vede? Dice di no! Spaventevole, signore, creda, spaventevole la sua* (si picchierà la fronte) *sordità, sordità mentale! Cuore, sì, per i figli! Ma sorda, sorda di cervello, sorda, signore, fino alla disperazione!*

Quale memoria reale si portano appresso? Più che al momento di crisi coniugale tra donna Caterina e don Stefano quando questi si mise nuovamente con l'ex fidanzata, esse sembrano riferirsi, sia pure in una diversa situazione, al rapporto tra Antonietta e Luigi quando, scoperta l'incapacità della moglie a seguirlo *sulle vie dell'Arte*, la "scaccia", ossia la relega alle sole funzioni di madre.
E ancora, questa battuta del Padre:
Ora lei intende la perfidia di questa ragazza? M'ha sor-

preso in un luogo, in un atto, dove e come non doveva conoscermi, come io non potevo essere per lei; e mi vuole dare una realtà, quale io non potevo mai aspettarmi che dovessi assumere per lei, in un momento fugace, vergognoso, della mia vita! Questo, questo, signore, io sento soprattutto!

non è certamente un rimprovero che Luigi rivolge a se stesso per avere per anni e anni inchiodato, crocefisso il padre a un solo gesto, a un momento fugace della sua vita, a un errore?

E nella battuta della Figliastra:

Grida, grida, mamma!... Grida, come hai gridato allora!

quell'*allora* certamente si riferisce alla vicenda vissuta dai personaggi nella fantasia dell'autore, quando stavano in una sorta di limbo della creazione, ma forse c'è nel grido della Madre che sorprende la Figliastra tra le braccia del marito una terribile eco del grido disperato di Antonietta allorché la follia le fece supporre un legame incestuoso tra Luigi e la figlia.

"Il fine dei *Sei personaggi*" ha affermato Jean-Michel Gardair "consiste in questo processo di discolpa del Padre per incriminazione del Figlio, attraverso la sovrapposizione fantasmatica di due scene: l'adulterio e l'incesto. Se questo testo è, in effetti, fondamentale nell'opera di Pirandello, è per ragioni opposte a quelle che egli elabora consapevolmente. Pirandello finge di credere che egli ha 'rifiutato' questi personaggi perché non lo interessavano e perché non avevano nulla a che fare con il suo dramma personale, per insistere, invece, sulla novità teorica e sulla maestria della sua creazione. Ora confessa egli stesso di aver scritto questa pièce in stato di trance e sotto il peso della necessità. Infatti, tutto l'apparato concettuale della pièce (conflitto attori-personaggi, impossibilità di drammatizzazione dei fantasmi in assenza dell'autore ecc.) non serve qui che a mascherare il desiderio (di Pirandello) di accusarsi (di discolpare il Padre) in pubblico. Desiderio che sfociò nel memorabile gesto con il quale Pirandello getta la maschera in occasione della prima (catastrofica) dei *Sei personaggi*: per la prima volta nella sua vita si presenta in scena a salutare il pubblico, ed è proprio per affrontare i fischi."

Continua ancora Gardair a proposito della morte della Bambina e del suicidio del Giovanetto:

"Non si può non sottolineare che l'età dei due fanciulli, quattordici e quattro anni, corrisponde, da una parte, all'età in cui morì una sorella minore di Pirandello, dall'altra, alla stessa età che aveva egli stesso all'epoca della scena trasposta in *Ritorno*, all'indomani della quale un'altra delle sue sorelle minori era diventata improvvisamente demente. Infine, con il sinistro scoppio di risa della Figliastra, con la quale termina la pièce, Pirandello attira su di sé per sempre la vendetta di Antonietta, troppo sagace Erinni, che ha espiato con la follia il terribile privilegio della chiaroveggenza".

Le tessere di un puzzle che miracolosamente si compongono in un disegno unitario dopo anni di sofferte prove, lampi di luce che tornano a innestarsi nella loro origine prismatica.

Tanti, troppi i sotterranei legami, talvolta espliciti, talvolta appena accennati, altre volte solo intuiti e non si sa se valga la pena di portarli tutti alla luce. Ma una cosa mi pare certa: il colpo di rivoltella col quale il Figlio giovinetto pone fine ai suoi giorni, uccide anche un'illusione giovanile voluta perpetuare a lungo negli anni con ostinazione, con caparbietà: quel colpo di pistola fa scomparire il figlio cambiato, se è mai esistito; ora Luigi sa con dolorosa certezza che il sangue che scorre nelle sue vene è quello di suo padre. Lo scambio del figlio nella culla non c'è mai stato: se adesso Luigi volesse raccontare nuovamente la storia che da piccilìddro gli contò la cameriera Maria Stella, quella storia la chiamerebbe, senza esitazioni, una "favola".

LA SERA DELLA PRIMA

Il mutupèrio che si scatenò al romano Teatro Valle la sera del 9 maggio 1921, in occasione della prima rappresentazione dei *Sei personaggi* da parte della Compagnia diretta da Dario Niccodemi, è stato raccontato e descritto decine e decine di volte. Annotò Adriano Tilgher nella sua recensione apparsa sul quotidiano "Il Tempo" del giorno appresso:

"Moltissime chiamate alla fine del primo e del secondo atto, alla fine del quale Pirandello fu evocato alla ribalta, non so più quante volte. Ma, a dir vero, fu successo imposto da una minoranza ad un pubblico disorientato e perplesso, e, in fondo, voglioso assai di capire. Al terzo atto però, il più fiacco di tutti, e che finisce in modo assurdo, si scatenò una tempesta cui i fautori del lavoro tennero validamente testa. E così finì una serata che fu veramente di battaglia per tutti, per l'autore, per gli attori, pel pubblico e, anche, pei critici".

Chiaramente, Tilgher assegna la responsabilità della caduta al terzo atto, che giudica fiacco e assurdo e oltretutto ripetitivo:

"... il terzo atto in fondo, non fa che 'piétiner sur la place' del secondo, che questo si risolve tutto nella discussione prolissa di una tesi estetica non troppo brillante di novità: che la vita non è il teatro".

A molti anni di distanza, e dal suo punto di vista, anche Peter Szondi scriverà che il terzo atto è una "conclusione pseudodrammatica".

Ci sarebbe molto da ragionarci sopra, sul discusso terzo atto, ma non è questo il posto. In realtà, scrivendo di un pubblico "disorientato e perplesso", Tilgher (che sarà colui che vestirà di una teoria filosofica il teatro di Pirandello) ci racconta la mezza messa.

Gli spettatori sì rimasero disorientati inizialmente quando, entrando nella sala, videro che il sipario era aperto e che sul palcoscenico non c'era traccia di scenografia, alcuni si fecero persuasi che lo spettacolo era stato rimandato, anche perché c'era un macchinista che inchiodava qualcosa. A quei tempi, vedere dall'interno la macchina teatrale, osservare ciò che succede dietro le quinte non incuriosiva, ma disturbava, dava disagio. Gli spettatori dall'iniziale disorientamento passarono sì alla perplessità quando sentirono dire al Capocomico la provocatoria battuta:

Che vuole che le faccia io se... ci siamo ridotti a mettere in iscena commedie di Pirandello, che chi l'intende è bravo, fatte apposta di maniera che né attori né critici né pubblico ne restino mai contenti?

L'atteggiamento del pubblico mutò in peggio all'entrata dei sei personaggi. Gli spettatori, a sentirli entrare dalla porta di fondo sala, la stessa dalla quale erano entrati loro, dovettero voltarsi indietro dalle poltrone sulle quali erano seduti, furono costretti cioè ad andare contro all'orientamento stesso della sala, come se fossero stati obbligati a leggere un rigo di un romanzo fatto stampare a bella posta a rovescio dall'autore. E ancora: questi personaggi stavano occupando lo spazio riservato agli spettatori, camminavano nel corridoio tra le poltrone, si fermavano a discutere con gli attori quasi sui piedi degli spettatori seduti in prima fila. Le prime violente reazioni nacquero da quegli spettatori che volevano difendere il loro "territorio", era una rivoluzione, il sovvertimento di un ordine stabilito.

A un certo punto lo scontro tra la minoranza dei sostenitori e la maggioranza dei dissenzienti si fece anche fisico, volarono cazzotti, si distinse il giornalista Orio Vergani, pugile dilettante, amico di Pirandello e la cui sorella, Vera, interpretava la parte della Figliastra (splendidamente, ricordano le cronache), si distinse anche un poeta, Arnaldi, che sfondò a spallate la porta di un palco nel quale stavano alcuni fischiatori. Molte le grida di "buffone", di "manicomio".

Pirandello, che si era portato appresso la figlia Lietta, sembrava scialarsela di quello che stava capitando, tanto che alla fine del terzo atto si presentò alla ribalta, quasi a ringraziare per i fischi e i dissensi. Pare gli abbiano lanciato contro delle monetine.

Siamo più che convinti che la maggioranza degli spettatori dissenzienti oscuramente intuì che qualcosa d'irreversibile stava succedendo quella sera al Valle, che da lì a poco o a molto il teatro non sarebbe più stato uguale a prima. La loro fu la difesa di un'idea di teatro che quella sera veniva scardinata.

Pirandello attese un'ora a uscire con la figlia dal Valle, molta gente lo aspettava fuori e non pareva animata da intenzioni amichevoli. Quando si decise, uscì "per la porta di servizio, sul vicolo, un losco vicolo di gatti morti" (Vergani). Voleva raggiungere inosservato la fermata del tram, l'arrivo di un tassì avrebbe potuto insospettire i facinorosi. Andò diversamente. Scrisse Orio Vergani:

"Uscì, con la figlia a braccetto. Nella luce del primo lampione fu riconosciuto. Lo si circondò per difenderlo. Belle dame ridevano ripetendo, con le bocche laccate: 'Manicomio!'. Eleganti giovani incravattati di bianco sghignazzavano e insultavano. La figlia, al braccio del padre, tremava e non riusciva quasi a muovere un passo. Altra gente accorreva, fischiando e ridendo. Anche i pizzardoni non sapevano se dovevano intervenire per 'quel matto di Pirandello'. Un tassì si avvicinò. Pirandello, nella luce della piazzetta, riceveva in viso, con le labbra appena toccate dall'ironia, gli insulti. Noi si doveva evitare di venire alle mani, finché non fosse partita l'automobile. Fece salire la figlia. Poi montò a sua volta e nel quadrato del finestrino mentre dava l'indirizzo della casa lontana e mesta dove, all'indomani, avrebbe ripreso a lavorare, si vide ancora il suo viso. I giovanotti eleganti lanciavano delle monetine. E le signore anche, aprendo in fretta le loro preziose borsette. Odo ancora il rumore del rame sul selciato, il riso e l'oltraggio".

Va detto che a Milano, la sera del 27 settembre dello stesso anno, la commedia, recitata dalla stessa compagnia, venne seguita dal pubblico con intensa concentrazione e terminò con un trionfo. I milanesi avevano avuto tutto l'agio per prepararsi avendo potuto nel frattempo leggere il testo stampato.

Quella sera, nella piazzetta dietro il Valle, tra coloro che circondano Pirandello e la figlia per proteggerli dagli eccessi degli spettatori inferociti, c'è un giovane che scambia qualche occhiata con la scantatissima Lietta. È Manuel Aguirre, addetto militare all'Ambasciata cilena di Roma.

IL LUNGO PIANTO

Dunque: Lietta e Manuel si conoscono la sera della prima dei *Sei personaggi* e manco una cinquantina di giorni dopo i due si sposano. Un colpo di fulmine, certo, ma c'è anche da considerare che Lietta, tornata dall'esilio fiorentino dopo l'internamento della madre, capisce adesso che il suo destino, se non saprà sottrarsene a tempo, è quello di sfiorire all'ombra del padre, senza una vita propria. E che Luigi non alzerebbe un dito per mutare quel corso, spinto com'è da una sorta di egoistica cecità verso la condizione non certo felice di Lietta. Quel matrimonio ha insomma tutti gli aspetti di una fuga dalla casa paterna; fuga resa effettiva sette mesi dopo, quando Lietta e il marito s'imbarcano a Genova per il Cile e non si tratta di un viaggio di nozze o di una breve escursione.

Luigi e Stefano accompagnano la coppia a Genova, assistono all'imbarco, alla partenza, in una giornata battuta da un vento gelido. Salpata la nave, Luigi, seguito da Stefano, come sotto choc, cammina per due ore senza una meta precisa, gli fa orrore la stanza dell'albergo che l'aspetta. Arriva a Roma di sera e mentre percorre la viuzza che lo porta a casa:

Sentii a un tratto, sotto quella luna, la tua vocetta cara salutarmi: «Buona notte, Papetto!» *come quando m'affacciavo alla finestra dello studio per vederti andar via. E il pianto mi vinse, e fui quasi per cadere... Ora m'avviene di risentirla ogni sera, rincasando, quella tua vocina:* «Buona notte, Papetto!» *e ogni volta gli occhi mi si riempiono di lagrime e mi sento serrare la gola.*

Questa lettera, datata 12 febbraio 1922, è la prima che Luigi scrive a *Lillinetta, mia piccola bella*. Poi, appena ricevuta una lettera da Barcellona dalla figlia, le scrive:

Piangevo come un bambino! Quando mai, io!... Anche jeri sera, Stefano e Fausto, rincasando insieme, prima di cena, m'hanno trovato, qua seduto al tavolino dello studio, in pianto davanti alla tua lettera... Bisogna che mi faccia forza; ma non ci riesco.

È sincero nel dire alla figlia quanto profondo sia lo strazio provocato dalla sua lontananza, strazio che gli impedisce di godere della fortuna teatrale, del successo.

Ma quanto c'è anche d'inconscia rivalsa per la fuga di Lietta in questo farle pesare il danno *irreparabile* che il gesto della figlia ha provocato in lui? Fattosi convinto che Lietta non rientrerà in Italia tanto presto, medita un giro di conferenze nell'America del Sud per un possibile incontro. Non sarà aiutato da nessuno. Il sapere poi che la figlia avrà un parto difficile lo rende quasi folle d'angoscia, si rivolge al cardinale Gasparri che riesce ad avere notizie, buone, attraverso il nunzio in Cile. Ma che la figlia viva una sua vita lontana dai suoi occhi è un fatto al quale si ribella, testardamente, assurdamente. E, col passare del tempo, il sentimento non s'indebolisce, anzi. Scrive il 5 giugno 1922:

... angoscia e dolore senza fine davvero e non resisto più Lietta mia, ad averti lontana! Sai la mia vita a che cos'era ridotta prima della tua partenza. Ma ora è divenuta tal cosa, che non è più davvero tollerabile.

In un'altra lettera dichiara solennemente:

Se tu non ritorni, muojo disperato! Che vuoi che m'importi della gloria, dei guadagni...

E ancora:

Bisogna, bisogna che tu ritorni al più presto, figliuola mia, se non vuoi ch'io muoja di quest'angoscia che non può aver sollievo.

E ancora:

Mi si rompe il cuore, mi si rompe il cuore! Se tu non torni presto, Lillinetta mia, non mi trovi più! Ho dovuto aspettare che il pianto mi ridesse la vista per rimettermi a leggere! Non è possibile che io soffra lontano da te... Non è umano! Bisogna assolutamente che tu ritorni al più presto!

La lontananza di Lietta assume oramai forme ossessive: per lunghi periodi spedisce, ogni giorno, un "cartolino" di saluti alla figlia.

IL PADRE RITROVATO

Quale sostanziale mutamento intanto avvenga nei rapporti tra Luigi e suo padre lo si può desumere dalle notizie che egli invia a Lietta e che qui disponiamo in fila, seguendo l'ordine cronologico.

7 marzo 1922:

Giù in casa di zia Lina stanno tutti bene, compreso il Nonno. Scendo a visitarli ogni dopopranzo...

1° aprile 1922:

Mi son dimenticato che il Nonno è caduto l'altra mattina alzandosi dal letto e s'è fatto male... Abbiamo chiamato il medico, il quale, per fortuna, ci ha assicurato che non c'era niente di grave. Difatti ora sta meglio, benché soffra molto e peni a trarre il respiro. Ma si rimetterà.

24 maggio 1922:

Naturalmente la notizia della nascita fu subito telefonata a Mamma e partecipata anche a zia Lina e famiglia, non che a nonno Stefano ridiventato AVO.

18 giugno 1922:

Sono già nel periodo degli esami, che m'opprimono; e per giunta, come se tutto questo non bastasse, il Nonno ha avuto, otto giorni or sono, un attacco cerebrale, e sta per andarsene. Se ne sarà forse andato, quando ti arriverà questa lettera, povero Nonno!

2 luglio 1922:

A rendere più insopportabile l'esistenza s'uniscono le condizioni di nonno in preda alla demenza dell'arteriosclerosi. Fisicamente, del colpo pare che si sia riavuto, ma è rimasto in un fondo di letto, pazzo, e sta facendo impazzire tutti, urlando notte e giorno e farneticando e ribellandosi alle cure dell'infermiera che abbiamo dovuto prendere (s'intende a mie spese) per il giorno e per la notte.

5 settembre 1922:

... crescono le tasse, cresce la spesa per il Nonno e per l'infermiera...

Luigi nelle sue lettere concede più spazio al nonno di Lietta, don Stefano, che alla moglie ricoverata, spesso si giustifica dicendo che della mamma le scriveranno Stefano e Fausto i quali, dato che la vanno spesso a trovare, sono più informati di lui. Ma la situazione col padre è destinata rapidissimamente a evolversi.

5 gennaio 1923:

Sono stato a Milano per mettere in iscena con la Compagnia Nazionale Ruggeri-Borelli-Talli Vestire gli ignudi. *Attendevo alle prove quando come un fulmine m'è arrivato un telegramma di Stefano che m'annunziava la fuga di Nonno dalla casa di sua figlia Lina (non voglio più chiamarla sorella) e l'invasione del mio letto da parte dell'"autore dei miei giorni"; invito, dunque, a ritornare subito a Roma per i provvedimenti del caso. Ritorno e trovo lo spettacolo che puoi bene immaginarti. La scenata giù, durante la mia assenza, è stata quanto mai sconcia e disgustosa. Nonno dice che da mesi e mesi ingozzava i cattivi trattamenti della figlia e delle due nipoti. Bisogna far la tara a tutto quello che dice, perché in verità il poveretto è ormai stolido e anzi affetto di demenza senile. Ma è innegabile che nessuno giù lo poteva soffrire e che si lesinava sul vitto particolare che il medico aveva ordinato per lui dopo la toccatina: vitto di cui facevo io le spese per intero. Figurati che invece del brodo gli si dava acqua con una ditata di burro appena, che d'un solo torlo d'uovo gli s'apparecchiavano due tazzine di crema (e il resto farinaccia); e tutta la frutta cotta gli s'ammanniva in una sottotazzina delle dimensioni di due soldi. A conti fatti spendevano per lui da otto lire e mezzo a nove lire, e da me se ne prendevano dieci. La lite fra nonno e figlia è scoppiata violentissima per un futile pretesto: per una cassa che la Linuccia pensò d'allogare nella stanzetta dov'egli dormiva. Furie, parole grosse, imprecazioni, vituperii. Nonno dice che fu cacciato via dalla casa; la figlia dice che fu lui a volersene anda-*

re e che ora, basta per sempre, in casa sua non rimetterà più piede o, se no, ne uscirà lei. Il fatto è che ho trovato Nonno istallato in camera mia. Ho subito telegrafato a zio Giovanni per fare un consiglio di famiglia e decidere su quello che si deve fare, perché in casa mia non c'è posto per alloggiare un altro e io non posso condannare Fausto a dormire per terra come un cane in vece mia. Il cane, difatti, lo volevo fare io, e Fausto non ha voluto permetterlo: m'ha ceduto il suo letto e la sua stanzetta.

In mezzo a tutto questo ben di Dio è avvenuto il parto d'Olinda il primo giorno dell'anno... Un amore di bimba... Quelli di giù, riconoscendo che non mi è possibile tenere Nonno in casa, vorrebbero che fosse chiuso in una casa di salute. Ma come tu puoi ben comprendere, a me è odioso fare uscir di casa un vecchio di 87 anni.

Pur facendo la tara alle parole di don Stefano, risulta evidente che Luigi prende partito a favore del padre, rifiutandosi persino, con una delle sue tipiche impennate d'ira, di continuare a chiamare sorella Lina, facendole tra l'altro pignolescamente i conti in tasca e accusandola implicitamente di fare la cresta sulla spesa.

Da questa lettera viene fuori chiaro che a pagare tutte le spese romane del padre, vitto, medico e infermiera compresi, era il solo Luigi: Lina aveva messo a disposizione una stanzetta del suo appartamento che tentava ogni tanto di trasformare in ripostiglio scatenando le ire di don Stefano. Luigi sembra fare dell'amara ironia chiamando il padre, tra virgolette, *autore dei miei giorni*, ma la sostanza del suo discorso è una sola: non permetterà la sistemazione di don Stefano in una casa di salute, non vuole che vada a morire fra estranei. D'altra parte una qualche soluzione bisogna trovarla, l'appartamento è troppo piccolo, scoppia già: vi abitano Luigi, il figlio Stefano con la moglie Olinda e la bambina appena nata, Fausto e l'appena arrivato don Stefano. Poche righe più sotto, nella stessa lettera, Luigi comunica alla figlia il proposito di comprare un appartamento per andarci a vivere col padre e con Fausto, dato che Stefano con la famiglia sua si trasferirebbe in un altro quartino. Il proposito di Luigi è chiaro: tenere il padre con sé o, al massimo, metterlo in casa di qualche altro familiare che sia in condizioni d'ospitarlo. S'intende che, in questo secondo caso, tutte le spese sarebbero a carico suo.

19 gennaio 1923:

Ho di nuovo mio Padre in casa con me, mi pare di averti detto nella lettera scorsa, e d'avertene anche detta la ragione. Ho rotto ogni relazione con quelli di giù. Ho fatto venire da Siena zio Giovanni per un consiglio di famiglia che non ha giovato a nulla, perché avendo deciso di scrivere a zia Annetta per pregarla di ripigliarsi in casa il Nonno con un mensile di £ 650, zia Annetta mi rispose che non poteva per le tristissime condizioni di salute di suo marito che la obbligano a dedicare a questo tutte le sue cure. Cosicché Nonno è rimasto in casa mia, a dormire nella tua cameretta già occupata da Fausto, il quale si è buttato a dormire su una tela metallica nel suo studio, col rischio d'avvelenarsi col tanfo dei colori. E la casa, come puoi immaginarti, è tutta sossopra, anche per la nascita della bambina che tiene tutti occupati, che spesso la notte piange e non lascia dormir nessuno per la sonorità della casa. Anche se non ci fosse Nonno, certamente Fausto non potrebbe dormire nella stanza accanto. Ci provai io, per tre notti, e non mi riuscì di chiu-

der occhio. Nonno è sordo, e non sente nulla. Ma così non si può durare.

Intanto per la prima volta in questa lettera, Luigi chiama don Stefano *Padre,* mentre nelle precedenti, dato che scriveva alla figlia, l'aveva chiamato *Nonno.* Non gli passa manco per l'anticamera del cervello di mandar via da casa il padre finalmente ritrovato, Fausto si arrangi momentaneamente, tanto *così non si può durare.*

E invece, si dura:

5 luglio 1923:

Nonno sta sempre benino. Ma diventa di giorno in giorno più fastidioso.

3 agosto 1923:

... Nonno che sta benissimo coi suoi 88 anni...

C'è una foto proprio di quei giorni del 1923. È una bella mattina di sole. Su un balcone, in piedi, sorridente, Luigi tiene in braccio la figlietta di Stefano che sta beatamente sorridendo. Allato a loro due, magari Stefano sorride, la testa calata tanticchia in avanti. Davanti ai tre c'è, assittato, don Stefano, vestito di nero panno pesante, bocca sdentata mezzo nascosta tra barba e baffi, occhiali, la testa leggermente inclinata verso una spalla, le due mani sul bastone. A taliàrlo bene, sorride, l'AVO.

Lo scrittore Arnaldo Frateili ricordava che Luigi in quel periodo convinceva gli scarsi amici a "giuocare lunghe partite a scopone e a tressette col padre, che, ormai quasi cieco e sordo, ma sempre duro e autoritario, sempre dritto nella persona altissima e gagliarda, esigeva quella distrazione serale, sobbarcandosi, Pirandello stesso, alla noia del giuoco, e all'obbligo di perdere regolarmente, per non suscitare lo scontento del vecchio".

E se era costretto ad allontanarsi da Roma per la rappresentazione di qualche commedia, prima di partire raccomandava più volte agli amici di andare a trovare il padre e di tenergli un poco di compagnia.

Più padre "vero" di così? Più figlio "vero" di così?

È venuto perciò il momento di compiere quello che egli crede sia l'ultimo gesto liberatorio: trascrivere il lontano racconto di Maria Stella. È una novella brevissima, intitolata appunto *Il figlio cambiato*, apparsa in volume con altre nel 1925. C'è un io narrante, uno scettico che assiste allo straziante dolore della madre invano confortata da altre madri che a quella magarìa ciecamente credono. La novella prosegue con la madre che, disperata, si reca da una fattucchiera, Vanna Scoma, per avere notizie dell'altro figlio, quello vero, suo, che le è stato portato via. La fattucchiera la rassicura che l'altro figlio sta bene e che continuerà a star bene fino a quando lei tratterà bene il figlio sconciato che le è stato lasciato in cambio. Cosa che la madre farà e ogni tanto, col passare del tempo *Vanna Scoma, non più richiesta, veniva a darle notizie, per scroccarle qualcosa: notizie liete: che il suo figliuolo cresceva bello e sano, e che era felice.*

Don Stefano Pirandello muore a Roma, in casa del figlio Luigi, nel giugno del 1924.

Luigi cura in prima persona i dettagli delle onoranze funebri che vuole siano di una certa solennità, le quattro medaglie garibaldine del padre in bella evidenza. Verrà sepolto al Verano, nella tomba di famiglia, accanto al cognato Rocco Ricci Gramitto suo compagno d'armi. Solo alla morte del padre Luigi si riconcilia con la sorella Lina, rea, ai suoi occhi, di avere usato un torto a don Stefano.

IL VASO GRECO

Un giorno, Luigi era già grandicello, don Stefano portò a casa uno splendido vaso greco accattato da un contadino che l'aveva trovato, intatto, scavando nella campagna girgentana. Un vaso bellissimo del quale Luigi s'innamorò subito. Don Stefano gli fece promessa che un giorno glielo avrebbe regalato. Invece il vaso arrivò a Roma dopo la morte di don Stefano, ai primi di luglio del 1924. Dentro quel vaso verranno messe le ceneri di Luigi.

IL CAMBIAMENTO

Appena morto don Stefano, appare evidente ai familiari che qualcosa è avvenuto nell'animo di Luigi. Diventa più scontroso e chiuso, spesso passa le nottate in piedi, passeggiando nervosamente. Dal piano di sotto lo sentono muoversi con irrequietezza, talvolta l'odono discutere a voce alta con un inesistente interlocutore. Parla col padre? Gli spiega come e perché abbia creduto a lungo d'essere stato un figlio cambiato?

La nipote Pina scrive ai suoi che villeggiano a Viareggio:

"Zio Luigi è divenuto scettico, amaro e profondamente seccato della vita... non trova mai requie, e non tiene neanche conto delle grandissime soddisfazioni che ha dalla sua arte. Noi assistiamo stupefatti al continuo agitarsi, tormentoso e volubile, della Famiglia al piano di sopra...".

Renata Marsili Antonetti, la cui nonna era Lina, la sorella di Luigi, annota a proposito di questa lettera di Pina:

"Abbiamo qui la prima, lucida notizia del cambiamento di Pirandello dopo la morte del padre".

LA RIPETIZIONE: LIETTA

Per ottenere il consenso paterno a maritarsi, Lietta ha dovuto far sì che il futuro marito si assoggettasse, dando la sua parola di ufficiale e gentiluomo, a un preciso volere di Luigi: il soggiorno cileno doveva essere assai breve.

Io t'ho affidata a un uomo d'onore, di cui tengo come sacra la parola che mi diede, che cioè avrebbe fatto di tutto per riportarti in Italia al più presto.

Senonché la situazione di Manuel Aguirre in Cile non è più buona, in patria non guadagna quanto guadagnava in Italia, deve cercarsi un lavoro aggiuntivo. Luigi li aiuta spedendo un mensile di interessi sulla dote e inviando, a richiesta, altre cifre straordinarie.

Le sue lamentose, disperate invocazioni per il rientro della figlia, i suoi quotidiani *muoio se non ritorni* certamente non aiutano psicologicamente Lietta nel momento delicato del formare una nuova famiglia in terra straniera. La sordità di Pirandello al disagio di Lietta è totale: il tanto decantato amore paterno rischia di configurarsi (e forse lo è) come uno smisurato egoismo.

Per sanare la situazione, e dato che è in cerca di lavoro, a Manuel Aguirre viene l'idea di coltivare le terre che la moglie di Luigi ha in Sicilia e magari d'impiantarvi un allevamento di bestiame.

La prima parte della risposta di Luigi è entusiastica:

... ma figurati! Io gliele affido tutte, tutte, se egli vuole, per tentarvi tutto quello che vuole, a suo esclusivo beneficio.

Ma subito dopo passa a fare a Lietta, perché la comunichi al marito, una proposta che nasconde, oggettivamente, una trappola. Nella campagna romana, scrive, c'è un tal generale a riposo, Perugino Bartoli, che ha tenute agricole e allevamenti. Se a Manuel *secca andare in Sicilia*, Luigi potrà trovare i capitali perché il genero entri in società col generale.

Andare in Sicilia non secca a Manuel, secca a Luigi. La Sicilia è lontana, non quanto il Cile, ma comunque lontana, mentre egli vuole *Lillinetta mia... riaverti qua; qua con papà tuo che non sa e non può più vivere senza di te!*

Evidentemente Manuel vuole evitare alla moglie, e a se stesso, la presenza ossessiva di Luigi. E torna a informarsi delle terre in Sicilia, che sono, risponde Luigi, circa ventinove ettari. Ma Luigi ha avvertito nella lettera di Lietta la mezza intenzione di Manuel di affittare delle terre in Cile. E questo scatena la sua furiosa reazione.

Egli m'ha promesso, anche pochi momenti prima di partire da Genova, che tra un anno, un anno e mezzo, ti avrebbe riportata in Italia, ribadendo così la parola datami quando mi ti chiese in moglie e per cui, ripeto, io consentii al matrimonio. Sarebbe un tradimento iniquo, che io non potrei in alcun modo tollerare, se egli ora pensasse minimamente di venir meno alla sua parola. Ripeto, non posso e non voglio crederlo.

In questa lettera, Pirandello ripropone le terre in Sicilia (di fronte al pericolo del Cile è sempre preferibile!), ritorna sulla possibilità di comprare una tenuta nella campagna laziale e aggiunge la nuova proposta dell'acquisto di terreni in Maremma.

Ma da lì a poco accade qualcosa di assai più grave che una disputa sui terreni da comprare. Pirandello apprende che la figlia si è venuta a trovare in gravi ristrettezze economiche al momento del parto e che il marito si è giustificato asserendo che il suocero ha mancato parte delle rimesse sugli interessi della dote.

Pirandello esprime in risposta il suo stato d'animo con tre parole: tormento, costernazione, indignazione. E chiarisce:

Ma sappi, Lillinetta mia, che la mia indignazione è giustificata dai fatti *e* dati precisi *che io ho – e che posso comunicarti quando vuoi – da cui risulta nel modo più evidente che tuo marito – per avarizia – o per altro ch'io non so – ha voluto infliggermi un martirio che non cesserà più fino al giorno che tu non sarai ritornata a me; con questo bel guadagno anche per lui, la perdita d'ogni fiducia da parte mia sul suo conto. So, rimessa per rimessa, tutto il danaro ch'egli ha avuto, so quello che egli ha speso* veramente *per il viaggio (e non quanto, mentendo, disse a me e fece credere a te), so quanto realmente spese qua a Roma; e ho* la certezza *(tranne che non abbia perduto al giuoco il danaro o non l'abbia buttato via) che deliberatamente – ripeto, non so se per avarizia o per altro – ha avuto la crudeltà di spingere te, figliuola mia, a infliggere al padre lontano, che pure gli aveva dato tante prove di benevolenza e di prudenza, il martirio di saperti in un paese straniero in mano a un uomo che a un bisogno come questo, non poteva darti ajuto – e questo* senz'esser vero.

Quindi, dopo avere insinuato in Lietta il pensiero che

il marito sia avaro, mentitore, giocatore e sperperatore, scrive parole al limite della decenza:

anche a costo di provvedere io al tuo mantenimento e a quello del bambino, tu devi ritornare al più presto, se non vuoi che io impazzisca o muoja dal tormento in cui tuo marito m'ha messo.

È un incitamento all'abbandono del tetto coniugale, che non è certo il modo più sensato d'appianare la situazione. Inoltre Luigi, al solito, non tiene in nessuna considerazione il disagio della figlia che ha appena partorito e che si trova presa tra due fuochi.

Manuel Aguirre allora contrattacca, scrivendo direttamente al suocero, rimproverandolo per i ritardi nelle rimesse degli interessi della dote e presentandogli il conto di altre spese straordinarie che ha dovuto sostenere. Luigi risponde il giorno appresso, 26 giugno, indirizzando a Lietta.

Non ho più notizie tue! Costui mi scrive e mi parla di danaro, senza dirmi una sola parola di te... Mi parla del danaro che ancora non arriva... Tra parentesi, *per farmi il conto delle spese dei medici, della levatrice, delle infermiere,* tra parentesi *mi parla di* due *operazioni, una a te, una al bambino, per ricomporgli* los piernos, *e tira via seguitando a parlarmi di* guastos, *come se i* guastos *glieli dovessi pagare io e questo solo importasse... Ma che essere è costui? che mostro d'incoscienza o di stupidità?*

Alla base di queste liti, c'è un fatto: la dote di Lietta, di lire duecentomila, è in realtà per il momento nominale, è costituita dal denaro che Pirandello dovrà ricevere dall'editore Bemporad. Egli quindi invia alla figlia un interesse mensile di mille lire che calano a cinquecento sia perché Luigi non può di più sia perché valgono a scomputo di consistenti anticipi versati a richiesta e sempre generosamente. In questa situazione gli equivoci e i fraintendimenti possono essere molto frequenti. Sorgono questioni su novemila lire di abiti per Lietta non pagati da Luigi e su altre spettanze alle quali il genero afferma d'avere diritto.

Il vecchio don Stefano, colto da demenza senile, certamente non sa nulla del rapporto inquinato tra il figlio e suo genero per una questione di dote: se lo capisse, certamente scoppierebbe in una gigantesca risata con la sua bocca sdentata. Si sta ripetendo quello che capitò tanto tempo fa, solo che al posto di Calogero Portolano c'è Luigi Pirandello e al posto di Luigi Pirandello c'è Manuel Aguirre.

Scrive Maria Luisa Aguirre D'Amico, figlia di Lietta, che ha raccolto e pubblicato le lettere di Luigi alla madre: "Lietta e Manuel tornarono in Italia agli inizi del 1925... Lietta trovò il padre cambiato, per come lo aveva sentito nelle lettere. I mesi che seguirono portarono altri cambiamenti: ci fu la preparazione e l'avventura del Teatro d'Arte, ci fu l'incontro con Marta Abba. Lietta non seppe rassegnarsi a questa nuova realtà.

"Sorsero dissapori, sorsero forti contrasti economici fra il padre e il marito. A Lietta non restò che rifugiarsi in Cile. Fra padre e figlia furono anni di silenzio".

Un'altra ripetizione beffarda. Come era in anni ormai lontani calato il silenzio fra Luigi e suo padre, ora lo stesso silenzio cala tra Lietta e il padre.

Lietta tornerà in Italia portandosi appresso una delle due figlie e lasciando la minore col padre in Cile. Troverà in Luigi una diversa disposizione d'animo: il padre che le aveva suggerito qualche anno avanti l'abbandono del tetto coniugale non è più lo stesso. Vuole, sostanzialmente, che Lietta se ne torni in Cile.

Ha sposato uno straniero, non può pretendere di stare in Italia, se il marito non vuole e la chiama a sé. Se crede d'averne diritto, per torti ricevuti, domandi la separazione, l'altra figlia e gli alimenti; ma restare così dalla parte del torto assolutamente non le conviene. E poi bisogna vedere se i torti del marito son tali che, per conservare alle figlie una famiglia e una casa a cui hanno diritto, ella non possa perdonarli. Mia madre perdonò anche sapendo che il marito aveva avuto una figlia da un'altra donna.

Con quest'ultima frase, che rievoca quanta parte ebbe nella sua esistenza il tradimento di don Stefano, Pirandello chiude irrevocabilmente la porta in faccia alla figlia. La sua vicenda personale gli fa vedere tutto sotto una luce diversa.

Dopo un poco, Lietta se ne riparte per il Cile. Rivedrà il padre a Buenos Aires, ma fra loro tornerà, pesante, il silenzio epistolare.

Lietta, aiutata dal padre, ritornerà poi di nuovo in Italia con le figlie. Luigi, il 13 ottobre 1936, l'aspetta all'arrivo della nave.

Meno di due mesi dopo Pirandello muore.

LA RIPETIZIONE: FAUSTO

Fausto sai com'è, scrive Pirandello in una sua lettera a Lietta. Già, com'è Fausto?

Fausto è un giovane di poche parole, tende a chiudersi in se stesso, ad avere una vita propria. Ha dovuto interrompere gli studi classici per la chiamata alle armi e per la malattia e quindi, dopo la guerra, vocato com'è alla pittura (cosa che riempie di gioia il padre), prende lezioni da Lipinsky. Poi si iscrive all'Accademia del Nudo. Dove segue l'insegnamento di Felice Carena. Le prime tele "esponibili" risalgono proprio al 1923. Luigi gli ha affittato uno studiolo, gli paga le modelle che talvolta si alternano, due al giorno. In una lettera dell'11 giugno 1922, Luigi così parla a Lietta di un dipinto di Fausto:

È un gran quadro con cinque figure: se sarà finito, come spero, sarà per Fausto una bella e forte affermazione, perché il quadro è bello e significa *qualche cosa. Sono tre giovani nude presso uno specchio d'acqua, sorprese, turbate, atterrite dall'apparizione dello spettro della vecchiaja, che è semplicemente una vecchia anch'essa nuda, che fa come per scendere all'acqua e intanto sta tra loro come un pilastro incombente; dietro la vecchia c'è una bimbetta meravigliata: lo sfondo è d'alberi. Questo breve accenno ti basterà per immaginarti il quadro.*

La sottolineatura al *significa* è di Pirandello. Letto dal punto di vista ottocentesco al quale Luigi è legato, il quadro significa effettivamente quello che egli racconta alla figlia, un aneddoto. Ma in questa lettura narrativa della pittura c'è già il seme della divergenza futura tra Fausto e il padre. Pirandello non parla di colori, di materiali, di volumi, non coglie nemmeno lontanamente il senso della ricerca di Fausto, in quel periodo sotto l'influenza di Cézanne e dell'Espressionismo.

Fin dalle primissime prove pittoriche di Fausto, Luigi

tenta d'imporgli un suo personalissimo modo di fare un quadro. Di Luigi non esistono prove o bozzetti, ma solamente quadri compiutamente terminati e non perché Pirandello abbia distrutto i tentativi precedenti. Era capace di finire un quadro in due ore e quindi non capiva le esitazioni, i dubbi, i ripensamenti, le tele lasciate a metà dal figlio.

C'è, al riguardo, un episodio rivelatore che risale addirittura al luglio del 1919. Mentre i Pirandello si trovavano in vacanza a Viareggio con gli amici Frateili, Fausto volle fare il ritratto della signora Frateili. La signora posò pazientemente per alcuni giorni e finalmente il ritratto venne terminato. Senonché Fausto ne era rimasto insoddisfatto e, con un colpo di spatola, lo sconciò. Luigi, che era presente, s'arrabbiò:

«Ma come?! Hai scomodato per tanto tempo la signora per niente?».

Si fece dare da Fausto una tavoletta e dei colori e, in due ore, fece lui il ritratto. Lo mostrò in giro soddisfatto, senza tenere conto in alcun modo dell'umiliazione che infliggeva al figlio. Forse Luigi credeva di trovarsi in una di quelle "gare di pittura" che in passato aveva ingaggiato con l'amico Ugo Fleres.

Fausto, schivo, appartato, tormentato nella ricerca, capisce subito quale rischio comporti l'ingerenza del padre nella sua arte e se ne sottrae abilmente (*Fausto sai com'è*).

Alla fine del 1927 Fausto si reca a Parigi con Capogrossi. Vi rimarrà tre anni approfondendo l'osservazione di Picasso e Cézanne e frequentando il gruppo degli italiani che comprende, fra gli altri, Severini e de Chirico, Campigli e Savinio.

A Parigi, il 5 agosto 1928 gli nasce il figlio Pier Luigi. Annota in una sorta di diario:

"... è nato il figlio: lui proprio, pare, di prepotenza... Piangevo a studio sul lieto evento perché la funzione importante di padre mi era nuova: che significasse, che importava, come andava inquadrata e risolta. E poiché la pittura non ci entrava, facevo di me un'immagine sprecata di sentimento, allo specchio".

Geloso della sua vita, non comunica niente a nessuno. Luigi apprende casualmente da un amico che suo figlio Fausto ha messo su casa e che c'è un bambino. Per tutta la vita Fausto sarà per lui un amatissimo estraneo. Che ha fatto perché il figlio sia tanto lontano da lui?

È un'altra ripetizione, dolorosa, di quello che capitò tra lui e don Stefano, solo che qui non ci sono caratteri di scontro o di drammaticità. *Fausto sai com'è.* E Maria Luisa Aguirre D'Amico scrive di Fausto:

"Contrariare le sue scelte era impedirgli di lavorare. E la sua vita si identificava con il lavoro. Non voleva esserne distratto".

E il padre le sue scelte le contrariava, appena gli si presentava l'occasione. Il 1° giugno 1928 così scrive Pirandello, da Pordenone, al figlio a Parigi:

È curioso come tu, che sai vedere ed esprimere così bene ciò che avviene in te, non trovi poi la via per uscire da codeste opprimenti condizioni di spirito. Perché, quando ti metti a dipingere, guardi con gli occhi degli altri, tu che hai così buoni occhi per guardare in te? Bisogna che tu ti liberi da ogni preoccupazione di modernità e finisca di dipingere come tutti oggi dipingono, cioè brutto. Ho visto a Venezia i Novecentisti: orrori, da un canto, e insulsissima ac-

cademia, dall'altro; e tutti uguali. È veramente una sconcia aberrazione, di cui non si vede la fine. Per ritornare ingenui scarabocchiano come ragazzini, per dimostrarsi saputi copiano freddamente e stupidamente. Nessuna sincerità. Sforzi inani. Aborrimento d'ogni naturalezza, d'ogni spontaneo abbandono. E nessuno pensa che l'unico pittore moderno che sia riuscito a fare qualcosa, a esser lui, è stato lo Spadini per quest'unica e semplicissima ragione: che a un certo punto non volle sapere più nulla e s'abbandonò alla gioja di dipingere come vedeva e quel che vedeva. Non c'è altra via, non c'è altra salute che questa. Se la tua sincerità è pensare in un tuo modo particolare che riesci a esprimere così singolarmente nelle tue lettere, ebbene dipingi questi tuoi pensieri, sarai sincero e ti esprimerai: esprimerai qualche cosa.

La sorveglianza critica uccide l'arte. *La critica d'arte moderna è micidiale. L'avete tutti nel sangue. Bisogna liberarsene. Vederti così incerto, così malcontento è per me una grande afflizione...*

In sostanza, Fausto comunicava al padre alcune fasi della sua ricerca pittorica, soffertamente autentica e non facile. A questo stato d'animo Pirandello si dichiara negato, tanto da chiamarlo semplicemente *malcontento*. E l'invito a seguire l'esempio di Spadini, a un giovane pittore che sta interrogandosi su Picasso, è ai limiti dell'offesa. Luigi invita il figlio a cedere a uno *spontaneo abbandono*: proprio l'opposto di quello che egli, come scrittore e drammaturgo, è solito fare.

Una incomprensione totale, una incomprensione pari a quella di don Stefano nei suoi riguardi. Lo stesso Fausto sottolinea, con molto garbo e ironia, quanto padre e figlio fossero diversi. Racconta di un giorno che Luigi lo va a trovare in campagna, dove Fausto, la moglie e il piccolo abitavano in un "porcume di casalaccio ottuso e intasato di verde". Luigi si guarda attorno, non vede nessun quadro in lavorazione e domanda: «Che fai?». Per tutta risposta, Fausto l'invita a seguirlo attraverso un castagneto a scivolo, "e poi giù a rompicollo per il nocchieto sterposo di un verde austero e profondo, finché s'andava allo sconquasso tra il canneto e le fosse del ruscello". Finalmente arrivano, Luigi ha il fiato grosso.

"Ma si era giunti, e sedemmo sui sassi tra lo sciacquio delle acque correnti e lingueggianti tra i ciottoli grandi, levigati e il frusciare di quella miriade di canne impannocchiate di foglie ricadenti e cuspidate come ostensori. Gli mostrai in silenzio le famiglie dei ghiri in corsa sui rami praticabili di quei nocchi contorti e il loro sbertucciare e rincorrersi e rodere e sgranocchiare furtivo, e poi il volo dei merli tra canna e canna, che al primo richiamo si faceva domestico, e l'abbeverarsi della faina appuntita, scattante, e l'armeggiare dei rospi scosciati sulle foglie sommerse, a sgravarsi del loro catarroso richiamo, quasi un rimbrotto sgangherato, protervo.

"Mio padre guardava e mi guardava per rimettere il nesso tra me e quelle cose. Ma poi l'incanto di quell'ineffabile stato dovette penetrarlo. Era una condizione da limbo, un po' spaurita ma non aliena di perdersi in una svagatura da cui il ritorno fosse forse astruso o problematico. Facile invece apprendersi al tanto verde tenero del canneto proclive, arrendevole per una antica metamorfosi. Ma già l'essere in due, guardandoci, ci riteneva al limite di una nostra ragione reciproca che ci faceva consapevoli. Ha detto piano riscuotendosi: ‘La stupida natura’ e annuiva. ‘Quanto è stupida!’ beandocisi.

“Ce ne tornammo per mano aiutandoci, più tardi. Avrà pensato ch’ero un ozioso di buon sentimento e di pochi desideri.”

LA RIPETIZIONE: STEFANO

Dei due maschi, Stefano è il figlio più amato da Luigi, mentre Fausto lo è dalla madre Antonietta. Stefano sente presto la vocazione teatrale come autore drammatico, più tardi diventerà anche poeta, in questo seguendo all’inverso il cammino del padre che alle sue origini fu poeta. Stefano avverte subito il peso di un nome che inevitabilmente lo metterebbe a confronto col padre: sceglie come pseudonimo quello di Stefano Landi. Certo non volendolo, ma solo col suo stesso esistere, Luigi obbliga il figlio a un cambio di nome. Riporto per intero una poesia di Stefano, compresa nel volume *Le forme*, edito da Bompiani nel 1942, intitolata *Giro*.

Vedo che ci sentiamo
come per sempre vivi
(oh, sentirci altrimenti, è già morire)
anche, da sempre nati
(forse, insieme col mondo)
e a queste verità del sentimento
(sorriderà la mente)
bello trovare dov’è la ragione.
Lasciate fare al cuore.

Figlio da sempre, io. E, figlio mio,
quest'è vero!
per me sei da sempre nato.
... Così siano i tuoi per te.

Padre per sempre, io. E, Padre mio,
sì, ch'è vero!
a me sei per sempre vivo.
... Così sia tuo padre a te.

Come da sempre nati siamo figli
come per sempre vivi siamo padri,
e per questo sarà che uomo sta.

Stringiti al figlio, stringiti al padre,
padre e figlio resti.
                                        E il mondo è un giro
che ripassa, dentro.
                                          Dà
una vôlta in un respiro.
                                              Certo è
un giro di pensieri chiari e bui
che non si rompe mai.
Non si può mai finire
d'avere il giro delle cose in noi.
      Morire?
                        Non si può.
E nascere neppure.
                                        In verità
come da sempre nati
come per sempre vivi
                                            siamo qua.

La posizione di Stefano è chiara dal principio: "Figlio da sempre, io".

Inizia a fare il giornalista con alterne fortune, non certo per la qualità del lavoro che sapeva svolgere, ma per le vicende economiche dei giornali ai quali collaborava. E scrive con frenesia sotto l'occhio amorosamente vigile e amorosamente ingombrante del padre. Stefano debutta a Roma nel maggio del 1923 con una commedia, *I bambini* che viene messa in scena al Teatro degli Italiani e della quale Luigi non fa mai cenno nelle sue lettere a Lietta. Un mese dopo, un'altra sua commedia viene rappresentata al prestigioso Teatro Argentina.

Stefanuccio ti avrà scritto – andrà all'Argentina la sua Casa a due piani. *Gliela metto io in iscena, per incarico di Niccodemi che è partito, come ti dicevo.*

Nella lettera successiva relaziona Lietta sulla serata:

Stefano non ha più tempo da far nulla. Chi sa da quanto tempo non ti scrive! Non ti ha scritto neppure dell'esito contrastato della sua Casa a due piani *replicata per due sere all'Argentina. Non puoi immaginarti quanto io ne abbia sofferto! Il pubblico dimostrò fin da principio il suo mal animo, beccando e ridendo. Ma con tutto ciò, il terz'atto ebbe il potere di far tacere tutti i malintenzionati e di imporsi magnificamente; tanto che la fine della commedia fu salutata da sette ovazioni. Insomma, serata di battaglia. E Stefano, se non ha vinto del tutto, se n'è uscito con onore.*

Qualche volta, come nel caso della messinscena di *Vestire gli ignudi*, Stefano sostituisce il padre nella preparazione degli attori, dato che della commedia conosce *tutte le più riposte intenzioni*: certamente non si sarà mai sognato d'intervenire a cambiare una sola battuta, nel pieno rispetto del testo scritto da Luigi. Sicuramente però non sarà stato lo stesso nel caso della *Casa a due piani*: troppo forte la personalità di Pirandello "direttore" per non sovrapporsi alla figura dell'autore.

Fausto Maria Martini, critico e autore drammatico, nonché amico dei Pirandello padre e figlio, recensì il giorno appresso la commedia sul suo giornale.

Dopo aver ricordato il suo elogio per gli intendimenti artistici di Stefano a proposito di "uno squisito atto di poesia", cioè *I bambini*, Martini si dichiara spiacente di non poter fare altrettanto per *La casa a due piani* perché trova un grosso divario tra proposito e realizzazione, anche se riconosce al suo autore "una pregevolissima ansia di non battere le vie consuete e di rivelarci a ogni costo un'originalità di visione".

In una casa a due piani che un maestro d'architettura, Federico Assalente, si è costruita, in uno abita Federico con la moglie Evelina e nell'altro i tre figli della coppia, Piero, Lidia e Fabio. Ma fra i due piani non c'è comunicazione: i due non più giovani genitori vivono isolati in un loro mondo di passione esclusiva, mentre i tre figli sono abbandonati a loro stessi e vivono tutti i drammi di quell'età. Un giorno però Evelina muore, dopo aver pregato invano il marito di considerare "i figli con animo di padre", e la famiglia si disperde. Rimane Fabio che ricorda a Federico, in una drammatica scena, l'invito rivoltogli dalla defunta di tornare a esser padre. I due finiscono per contendersi l'amore della scomparsa Evelina, moglie e madre. Fabio allora si uccide, per lasciare "l'inamovibile, orrendo spettacolo del suo corpo, fra il padre e l'immagine della mamma invocata".

Sono chiari i riferimenti di Stefano, sia pure qui trasferiti e riadattati, a certe situazioni autobiografiche. Ma l'operazione drammaturgica, secondo Martini, non riesce perché Landi non ha avuto il coraggio o la capacità di "spingere fino al massimo della forza rivelatrice questa tentata interpretazione lirica di un mezzo familiare, ha sovrapposto ad essa una specie di elaborazione dialettica alla Pirandello, intesa a significare agli spettatori quale, nelle crisi più acute del dramma, ciascun personaggio appaia a se stesso e agli altri; ma non ha ottenuto la completa fusione delle due tecniche diverse (quanto più nobile artisticamente quella che prima era balenata al suo ingegno!)".

Insomma, nelle ultime righe traspare il rammarico di Martini perché Stefano, il poeta Landi, il lirico Landi, si sia piegato alle "elaborazioni dialettiche" di Pirandello, cadendo in "una sorta di ambiguità gravemente nociva alla evidenza della commedia".

Per tredici anni di seguito, Stefano non si fa più rappresentare sulle scene. Fonderà compagnie teatrali, farà l'aiuto regista di Renato Simoni, scriverà un romanzo che nel 1935 vincerà il Premio Viareggio. Nel gennaio del 1936, la compagnia Tòfano-Maltagliati-Cervi finalmente inscena a Torino una nuova commedia di Stefano, dal titolo emblematico *Un padre ci vuole*. È un'opera matura, amaramente ironica, che tratta del singolare rapporto tra un padre e un figlio. Anche qui i riferimenti autobiografici non mancano. Spiritosamente, Alberto Savinio, che ben sapeva quanto Stefano fosse succube "dell'invadente importanza" di Luigi, lasciò capire in un suo scritto che per l'autore un padre "non ci voleva" (Sciascia).

Luigi muore nel dicembre dello stesso anno.

Nel 1942, Stefano fa mettere in scena quella che certamente resta la sua commedia più bella, più allucinata, più sconcertante. Anche qui è protagonista un padre che disperatamente, tragicamente tenta di far vivere una vita normale a un figlio minorato.

Finché Luigi Pirandello resterà in vita, farà indossare la livrea di alter ego minore al figlio Stefano. E questi, con devozione filiale, la indosserà riuscendogli poi quasi impossibile togliersela per sempre. E ci saranno momenti nei quali Stefano si sentirà assai a disagio. Scrive Sciascia:

"Inquieti, dunque, i loro rapporti: come del resto erano stati, per ragioni che si potrebbero dire 'materne', quelli di Luigi Pirandello col padre. E a momenti, a quanto pare, questi inquieti rapporti s'intramavano al pretesto – tutto siciliano – della 'roba'; a momenti diventavano assolutamente pirandelliani. Articoli firmati dal padre si ha il fondato sospetto che siano stati scritti dal figlio: come quello, pubblicato nel 1933 dalla rivista 'Occidente' che s'intitola *Non parlo di me*, pirandelliano al massimo. Il che sarà stato per il padre un gioco, un divertimento; ma – a parte il movente economico – certo non per il figlio".

Un gioco? Un divertimento? Non crediamo proprio. E nemmeno compiacimento, soddisfazione. Un fatto, agli occhi del padre, del tutto naturale. Perché Luigi è riuscito, sicilianissimamente, a far sì che il figlio fosse completamente, interamente "cosa sua". Quello che a don Stefano, dopo averci tentato più volte, non era riuscito di fare. Stefano Landi, malgrado il cognome diverso, sapeva benissimo, fin dalla nascita, di non essere un figlio cambiato.

BREVE STORIA DELLA "FAVOLA"

Quando Pirandello comincia a metter mano a quella che sarà una fra le sue opere maggiori anche se incompiuta, *I giganti della montagna*, riprenderà il tema del figlio cambiato (oramai decisamente chiamandolo "favola" e scrivendolo in versi quasi a sottolinearne appunto il carattere favolistico) e fingerà che sia l'opera di un poeta morto suicida (il figlio cambiato-Luigi muore suicida, a parer nostro, nei *Sei personaggi*). Opera della quale la contessa Ilse, la protagonista dei *Giganti*, che al poeta ha dedicato la sua esistenza, dirà alcuni versi nel corso dell'incontro con gli Scalognati. Altri versi saranno detti nella scena che si svolge nella stanza delle apparizioni che è nella villa degli Scalognati; la stessa contessa Ilse verrà dilaniata dai servi dei Giganti proprio mentre tenta di recitar loro la prima scena della *Favola*. Forse Luigi non intendeva scrivere altro, della *Favola*: quella prima scena gli era più che bastevole per la funzione che doveva avere nei *Giganti*.

Senonché, nel 1932, ne fece un libretto d'opera per la musica di Gian Francesco Malipiero.

Su come siano andate le cose, le versioni sono diverse e contrastanti. Alcuni dicono che fu Malipiero a insistere con Pirandello per avere un libretto, tramite il comune amico Mario Labroca, e che Pirandello, alla fine abbia ceduto per levarsi di torno l'importuno. La versione del maestro Malipiero è diversa. Egli sostiene che fu Mario Labroca a fargli sapere che Pirandello aveva pronto per lui un libretto e che a malincuore accettò un incontro. Il racconto poi che Pirandello gli fece della trama lo lasciò indifferente, "ma la lettura del primo atto, il solo finito, perché incluso nei *Giganti della montagna*, mi entusiasmò tanto che poi riuscii ad assimilare il secondo e il terzo ('aggiunti')".

Crediamo che in realtà dietro a tutta la storia ci sia Mario Labroca, che l'idea di far scrivere un libretto a Pirandello sia stata sua e che abbia abilmente agito con i due ottenendo quello che aveva in mente.

Malipiero, col libretto completo in mano, s'accorge che Pirandello ha dimenticato di scrivere l'elenco dei personaggi. Glielo chiede e ne ha una risposta almeno strana all'apparenza. Pirandello difatti si rifiuta di fare quel lavoro semplicissimo, usando, per giustificare il rifiuto, parole sopra le righe. Egli scrive che il solo posare gli occhi sulla *Favola* rappresenta *un grave pericolo.*

Il pericolo che mi si riaccenda nella fantasia e mi induca invece che a cavarne semplicemente la lista dei personaggi, a tornarci a lavorare, limare, mutare... e chi sa? Buttare tutto per aria, per rifar tutto da capo... Ti chiedo di scansarmi la possibilità d'un grave pericolo...

Veramente il grave pericolo è il rischio della riscrittura, della correzione? Oppure Pirandello non ha più voglia di ripercorrere ancora una volta una vicenda che segnò la sua vita? La "favola" è dunque ancora tanto viva e bruciante soprattutto quando si è rivelata un lungo errore, una fantasia infantile tramutata dolorosamente in verità?

La favola del figlio cambiato, musicata da Malipiero, venne rappresentata in Germania e, in quell'occasione, ottenne un magnifico successo. Rappresentata poco dopo in un altro teatro, sempre in Germania, l'opera venne proibita perché giudicata "sovvertitrice e contraria alle direttive dello Stato popolare tedesco". Che ci vedeva di tanto sovversivo il nazismo appena salito al potere? Forse che un imbecille sconciato, come Pirandello rappresentò il figlio creduto cambiato, potesse diventare il re di un paese del Nord al posto di un re alto, bello e biondo, vera espressione della razza ariana?

Rappresentata a Roma, al Teatro Reale dell'Opera, alla presenza di Mussolini e di altri alti gerarchi, la sera del 24 marzo 1934, la *Favola* cadeva clamorosamente, in seguito a un preciso sabotaggio politico da parte di alcuni fascisti facinorosi. A un certo momento della rappresentazione, Mussolini si alzò e se ne andò, sdegnato (verso l'autore, naturalmente). Da tempo Pirandello, dopo aver compiuto il gesto sprezzante di chiedere la tessera del partito fascista all'indomani del delitto Matteotti, si era allontanato dal fascismo. Quando tornerà a Roma, reduce da Stoccolma dove gli è stato consegnato il Premio Nobel, non troverà un solo gerarca ad accoglierlo alla stazione. Dirà a proposito dell'infelice serata all'Opera di Roma:

L'offesa gratuita e brutale che c'è stata fatta mi tiene lontano perfino dai Giganti della montagna, *in cui della* Favola *si parla e si cita qualche verso. Quella ch'è forse la mia opera maggiore di teatro m'è restata lì da allora...*

Crediamo che le ragioni per le quali *I giganti* non fu portata a termine siano altre e assai più complesse, qualcuno ha anche scritto che quell'opera era destinata a restare incompiuta: la gratuita e brutale offesa ci fu, è vero, e sicuramente colpì Pirandello, ma era uomo e scrittore capace di forti reazioni davanti allo sberleffo, all'ingiuria: ricordiamoci che la sera della prima dei *Sei personaggi* si presentò alla ribalta per ringraziare dei fischi e degli improperi. Però nessuno dei fischiatori sapeva il valore privato dei *Sei personaggi*. Accadde lo stesso per la *Favola* che tanto peso aveva avuto nella vita più segreta di Pirandello.

UNA SORRIDENTE BEATITUDINE

Nell'estate del 1936 Luigi Pirandello viene chiamato nella giuria del Premio Viareggio (e riuscirà a imporre, quale vincitore, il nome di Riccardo Bacchelli, osteggiato dai fascisti di stretta osservanza). La nipote Linuccia, in una sua lettera, così ricorda Luigi:

"Zio Luigi è venuto per il Premio Viareggio ed è stato festeggiatissimo... Era abbastanza sereno e quasi vispo: si è ritrovata un po' dell'intimità di un tempo e sono state delle ore consolanti...".

Anche Raul Radice, scrittore, giornalista e critico teatrale, vede Pirandello a Viareggio in quell'estate del 1936, pochi mesi prima della morte: "...stava immobile e silenzioso, con l'occhio fisso al vino del bicchiere e una sorridente beatitudine sulle labbra sottili...".

Questo flash ha la immediatezza e la capacità rivelatoria che possiedono le immagini di certi grandi fotografi. Ha un sorriso appena accennato sulle labbra sottili, il vecchio signore. Non è più il sorriso ironico o sardonico che in passato tante volte sfoderò, è appunto un sorriso placato di beatitudine, il sorriso di chi, giunta l'ora dei consuntivi, sa di essere almeno in pareggio nei conti. Prima d'arrivare a quel pareggio, ha dovuto pagare un prezzo altissimo: la negazione, il rifiuto disperato del proprio sangue. Ma quando è venuta l'ora del riconoscimento totale di sé in quanto figlio, l'ora del ricongiungimento, non ha avuto alcuna esitazione: ha fatto tutto quello che c'era da fare, ha seguito il cammino del padre ritrovato, facendo aderire il suo piede alle orme già stampate, anche se queste orme portavano spesso all'errore. Ha adoperato, coscientemente o inconsciamente, la stessa violenza di don Stefano, non fisica, certo, ma altrettanto devastante per la moglie, i figli. Il sovrapporsi della sua figura a quella del padre è stata quasi totale, rari i margini sfasati. Ora è solo, ha dato tutto quello che poteva dare come uomo e come padre di famiglia, nessuno potrà accusarlo d'essersi risparmiato, ha rinunziato persino all'amore arrivato, come un dono, quando forse non si è più in grado d'amare. Solo, davanti a un bicchiere di vino. Come stava don Stefano, negli ultimi giorni della sua vita, nel giardinetto della casa romana. Col sole che faceva il possibile per riscaldargli il giro del sangue.

E il mondo è un giro
che ripassa, dentro.
Dà
una vôlta in un respiro.
Certo è
un giro di pensieri chiari e bui
che non si rompe mai.
Non si può mai finire
d'avere il giro delle cose in noi.

Corrado Alvaro dà una sua testimonianza che risale allo stesso periodo: "Il gioco è fatto. Quello che è scritto è scritto. Mi parve d'avvertire un simile momento in Pirandello".

Potremmo aggiungere: quello che è stato vissuto è stato vissuto. Ora il vino, il sole, l'inerzia del corpo sulla sedia, gratificano, pacificano, riconciliano.

Ho sempre riconosciuto *tutto.*

Scrive in un articolo, e non si riferisce solo alle città, ai paesi che ha visitato, agli uomini e donne che ha incontrato.

MA NIENTE È VERO

... Ma niente è vero,
e vero può essere tutto;
basta crederlo per un momento,
e poi non più, o per sempre mai più.
La verità la sa Dio solo.
Quella degli uomini è a patto
che tale la credano, quale
la sentono. Oggi così,
domani altrimenti...

Ho citato di nuovo una parte della penultima battuta della *Favola*: la dice il figlio vero, o quello che finalmente si riconosce come tale.

DEVO CHIEDERE SCUSA

"Devo chiedere scusa ai miei figli di averli confusi con me stesso. Li trattavo come trattavo me stesso: e so ora – lo capisco tardi – di essermi sempre trattato male."

Ma queste parole non le ha scritte Luigi Pirandello. Le ha scritte il figlio Fausto dedicandole ai suoi propri figli.

L'OLIVO SARACENO

Racconta Stefano che la penultima notte della sua vita il padre la passò molto agitata. L'indomani mattina spiegò al figlio che aveva, nella sua testa, composto il terzo atto dei *Giganti*, quello che ancora non aveva fatto a tempo a scrivere.

"Io seppi da Lui, quella mattina, soltanto questo: che aveva trovato un olivo saraceno.

"'C'è' mi disse sorridendo 'un olivo saraceno, grande, in mezzo alla scena: con cui ho risolto tutto'. E poiché io non comprendevo bene, soggiunse: 'Per tirarvi il tendone'... Così capii che egli si occupava, forse da qualche giorno, a risolvere questo particolare di fatto. Era molto contento d'averlo trovato."

Lo schema del terzo atto l'aveva già in qualche modo predisposto, tanto che Stefano l'ha trascritto ed è quello al quale si sono attenuti i registi che i *Giganti* hanno messo in scena. In questo schema, il telone davanti al quale avverrà la rappresentazione della *Favola* viene teso tra l'olivo saraceno e la facciata della casa dove abitano i Giganti, appeso a una corda. Come si sa, la rappresentazione doveva avvenire davanti ai servi dei Giganti intenti a un colossale banchetto sullo spiazzo. Ora è chiaro che, per un regista com'era Pirandello, far trovare in scena un qualcosa al quale legare una delle estremità della corda per reggere il telone, sarebbe stato problema da niente. Dato che i servi dei Giganti erano operai addetti a grandi lavori, sullo spiazzo poteva benissimo trovarsi una gru, dei pali di legno per impalcature o per reggere festoni e luminarie per le nozze dei Giganti. No, Pirandello pensa a un olivo saraceno. Ed è da tenere presente che nella scena del primo atto, quello sì scritto da Pirandello, è presente un altro albero:

Alto, quasi nel mezzo della scena in quel punto soprelevata, è un cipresso ridotto per la vecchiaja, nel fusto, come una pertica...

Allora, se nel primo atto c'è un cipresso, tipico albero da camposanto, albero dell'Ade ("troverai a sinistra della fonte un cipresso"...recitano frequentemente i canti orfici) che vuol dire che nel terzo atto Pirandello ha risolto tutto con un olivo saraceno? La scelta non è casuale, e quella scelta lo rende molto contento. Scrive a ragione Leonardo Sciascia:

"Non era soltanto un 'particolare di fatto', come annota il figlio, una soluzione scenica per quella commedia che non avrebbe completata: era una soluzione di significato, di catarsi, che definiva e concludeva l'intera sua opera, l'intera sua vita. L'olivo saraceno a simbolo di un luogo, a simbolo della sua memoria, della Memoria. Potremmo anche dire: di Mnemosine che a tutte le Muse è madre e a quella di Pirandello particolarmente, di una Mnemosine che in quel 'luogo di metamorfosi' si è trasformata in olivo: terragna, profondamente radicata, liberamente stormente...".

E quando il telone sarà strappato, quando la contessa Ilse sarà uccisa e dilaniata dai *poveri servi fanatici della vita*, quando il Conte griderà che la poesia è stata distrutta nel mondo, quando tutti si saranno allontanati portandosi via il cadavere di Ilse sulla carretta con la quale sono arrivati, l'olivo saraceno resterà lì, in mezzo alla scena a rappresentare, a contenere in sé, corpo unico, il passato, il presente e il futuro ancora tutto da patire.

... In verità
come da sempre nati
come per sempre vivi
siamo qua.

(Proprio mentre scrivevo queste pagine, sono tornato al mio paese, Porto Empedocle, per qualche giorno. Mi venne voglia, dopo tanti anni, di vedere dall'alto la Scala dei Turchi, una collina di marna candida che digrada al mare. Ma era stato costruito un ristorante che ne impediva la vista. Il figlio del proprietario, gentilissimo, mi fece entrare, malgrado il locale fosse chiuso. E subito vidi un enorme olivo saraceno "dal tronco contorto, attorcigliato, di oscure crepe – Sciascia – come torturato, e par quasi di sentirne il gemito". Mi meravigliai che ne fosse sopravvissuto uno. Allora il giovane mi spiegò che l'olivo era stato portato lì da un paese dell'interno, che era stato trapiantato con cura dispendiosa e con l'aiuto di un botanico. Con orgoglio, mi disse che l'olivo aveva pigliato e m'indicò i nuovi rametti con le foglie verde-argento.

«Chissà quanti anni avrà!» dissi.

«Lo sappiamo» fece il giovane «il botanico l'ha carotato.»

Intendeva dire che dalle più profonde viscere dell'albero era stato cavato un pochino di legno, quello che bastava per l'esame.

«Allora, quanti anni ha?» domandai.

«Mille e duecento» mi rispose il giovane.)

NOTA

Questo libro ambisce ad essere la trascrizione di un mio racconto orale sulla vita di Luigi Pirandello da un punto di vista limitato e del tutto personale. L'idea mi nacque da un breve intervento da me fatto al convegno "Le parole del teatro", nel 1996, a San Miniato, nell'ambito dei corsi di "Prima del Teatro".

Per la trascrizione, come il lettore facilmente si accorgerà, ho adoperato due diversi registri di scrittura, uno dei quali, via via che il racconto procede, si fa sempre meno presente fino a scomparire del tutto.

Il racconto non è destinato agli accademici, agli storici, agli studiosi di Pirandello ché queste cose per loro son risapute, ma al lettore più che comune.

Senza la fondamentale biografia di Gaspare Giudice (UTET, 1963) scrivere questo racconto mi sarebbe stato impossibile. Ne ho largamente approfittato e lo ringrazio.

Non cito qui articoli e saggi che pure mi sono stati utili, ma solo alcuni volumi che ho consultato e utilizzato (a parte, naturalmente, l'opera omnia di Pirandello pubblicata da Mondadori).

F. V. Nardelli, *L'uomo segreto,* Milano, Mondadori, 1932

S. Landi, *Le forme,* Milano, Bompiani, 1942

L. Sciascia, *Pirandello e la Sicilia,* Caltanissetta, Salvatore Sciascia Editore, 1961

G. Piroué, *Pirandello,* Palermo, Sellerio, 1975

J-M. Gardair, *Pirandello e il suo doppio,* Roma, Abete, 1977

Pirandello-Martoglio, *Carteggio inedito* (a cura di S. Zappulla Muscarà), Milano, Pan Editrice, 1980

L. Pirandello, *Carteggi inediti* (a cura di S. Zappulla Muscarà), Roma, Bulzoni, 1980

E. Lauretta, *Luigi Pirandello,* Milano, Mursia, 1980

G. Macchia, *Pirandello o la stanza della tortura,* Milano, Mondadori, 1981

N. Borsellino, *Ritratto di Pirandello*, Roma-Bari, Laterza, 1983

L. Pirandello, *Lettere da Bonn (1889-1891)* (a cura di E. Providenti), Roma, Bulzoni, 1984

L. Pirandello, *Non parlo di me,* Palermo, Sellerio, 1985

F. Pirandello, *Piccole impertinenze* (a cura di M. L. Aguirre D'Amico), Palermo, Sellerio, 1987

L. Sciascia, *Alfabeto pirandelliano,* Milano, Adelphi, 1989

E. Providenti, *Archeologie pirandelliane,* Catania, Maimone, 1990

L. Pirandello, *Lettere giovanili da Palermo e da Roma (1886-1889)* (a cura di E. Providenti), Roma, Bulzoni, 1993

L. Pirandello, *Lettere della formazione (1891-1898)* (a cura di E. Providenti), Roma, Bulzoni, 1996

R. Marsili Antonetti, *Luigi Pirandello intimo,* Roma, Gangemi, 1998

L. Pirandello, *Lettere a Lietta* (a cura di M. L. Aguirre D'Amico), Milano, Mondadori, 1999

a.c.

INDICE

PRIMO

SECONDO

TERZO

Finito di stampare nel mese di novembre 2000
presso il Nuovo Istituto Italiano d'Arti Grafiche
Bergamo

Printed in Italy